TIME OF CHANGE

A Russian Reader

collets
London and Wellingborough

First published in 1992 by

Collets (Publishers) Limited
Denington Estate
Wellingborough
Northants. NN8 2QT
United Kingdom

ISBN 0-569-09316-3

A CIP catalogue record for this book is available from the British Library.

Printed at the University of Strathclyde.

PREFACE

This book is a collection of extracts from the Russian press of the sixth - and as it turned out - the last year of perestroika. Change, which had been the hallmark of the Gorbachev era, accelerated to a breath-taking rate in 1991, affecting not just politics, but all spheres of life. The collection is an attempt to reflect this change in the form of a month-by-month chronicle of the main events, interspersed with snapshots of life at the level of ordinary people.

The material in the reader is authentic in that it has not been adapted, but almost all the texts are extracts from longer articles. The themes covered reflect the actual issues and concerns of the time, and they are presented here in the light in which they appeared to contemporaries.

This is an advanced-level reader, but there are also texts at the intermediate level. Texts have been supplied with notes to assist with the more difficult linguistic points, and to provide background information to the events. The notes on each extract are grouped at the end of the monthly section in which the extract appears.

Questions which follow the texts are in Russian. They are of three kinds: those designed to extract particular factual information contained in the text, those whose answer requires the reader to formulate an overview of a section of the text, and those which ask for the expression of an opinion. Some texts are followed by an additional topic for discussion.

Nijole White
University of Strathclyde
1992

ОГЛАВЛЕНИЕ

АПРЕЛЬ

МАЙ

ИЮНЬ

ИЮЛЬ

АВГУСТ

ПРОЛОГ

Татьяна Заславская:[1] СИТУАЦИЯ ЧРЕЗВЫЧАЙНО СЛОЖНАЯ

Академик Татьяна Заславская дала интервью корреспонденту агентства «Интерфакс» Кире Патаки.

— Перестройка, похоже, подошла к своей критической черте. Ситуация ухудшается по всем направлениям. Высказываются опасения, что страна — на пороге негативных событий. Есть ли на то причины?

— Ситуация действительно чрезвычайно сложная. Но трудно и предположить, что она могла бы быть другой. Ведь все предшествующие три-четыре года перестройки — это был подготовительный период, в течение которого, по сути, происходила ломка массового сознания.

И второе — это, конечно, Горбачев. Ведь когда он стал Генеральным секретарем ЦК КПСС,[2] мы хорошо помним Политбюро, которое его окружало. И, конечно, понадобилось немалое время и огромное политическое искусство для того, чтобы овладеть положением настолько, насколько это возможно уже в новой системе.

После XIX партийной конференции,[3] где была заявлена политическая программа перестройки, события стали разворачиваться стремительно. Сейчас они уже идут, по-моему, с головокружительной быстротой. Начала разворачиваться реальная борьба за весьма реальные ценности, то есть за собственность, за власть. И она сегодня идет едва ли не в каждой ячейке общества и носит дисперсный характер: Горбачев—Ельцин, Советы—партийные комитеты, центр—республики, республики—автономии.[4] И поскольку вопросы, которые решаются, самые коренные, то они определяют и социальную структуру будущего общества и место каждого человека в этой структуре.

— Не могли бы вы привести конкретный пример того, как это выглядит на практике?

— Допустим, рыночная экономика. Совершенно очевидно, что она предполагает формирование класса предпринимателей. Туда могут войти и фермеры, и торговцы, и промышленники, и так далее. Но из каких существующих классов он сформируется? Вот в чем вопрос. Есть линия, чтобы он сформировался из номенклатуры, и есть другая линия — демократическая. Она борется за то, чтобы этот класс сформировался из наиболее энергичных талантливых людей, независимо от того, к какой социальной группе он принадлежит. Это две модели. Между ними идет борьба, причем борьба не на жизнь, а на смерть.

— Как, на ваш взгляд, складывается соотношение этих сил?

— Мне кажется, что в нынешней ситуации где-то 50 на 50. Может быть, это 45 на 55, но неизвестно, в какую сторону в данный момент перевес и какая сила будет побеждать.

Но сила демократов все-таки в их связи с народом и в его активной поддержке. Пока. Потому что противоположная сторона всеми средствами ухудшает экономическую ситуацию и обвиняет в этом демократов. И в принципе, где конец народного терпения? Когда народ попросит порядка?

...Демократические силы могут потерпеть поражение и лидерам придется смениться...

— Словом, все начинать сначала?

— Это в общем-то естественно. Волна, которая должна была сокрушить административно-бюрократическую систему, начинает обратное движение. Нахлынула, ударила, выломала какие-то кирпичи и, похоже, начинает откатываться.

— Но предположим, победили (пусть временно) правые силы. Как будут развиваться события?

— Один путь — это просто назад к укреплению бюрократических структур. Другой — это все-таки к рынку.

(«Известия» 17 декабря 1990 г.)

Вопросы:

1. Как описана перестройка в первом вопросе журналистки?
2. Как Татьяна Заславская оценивает три-четыре года, предшествовавшие декабрю 1990 года?
3. На каких уровнях идет борьба за власть?
4. Из каких социальных классов мог бы образоваться класс предпринимателей?
5. Каково здесь, на ее взгляд, соотношение сил?
6. Как могут развиваться события?

Э. А. Шеварднадзе:[5]
ДИКТАТУРА НЕ ПРОЙДЕТ!

Выступление на Четвертом Съезде народных депутатов СССР.

Товарищи депутаты!

Сегодня у меня, может быть, самое короткое и самое тяжелое выступление в моей жизни. Слова для выступления я не просил. Но поскольку некоторые депутаты настояли.., я текст такого выступления подготовил и сдаю его в Секретариат. Депутаты могут ознакомиться, что сделано в области внешней политики руководством страны, Президентом и Министерством иностранных дел, как формируются внешние условия для развития страны и реализации планов ее демократизации, обновления, экономического развития и так далее. Я же хочу сделать короткое заявление, состоящее из двух частей.

Первое. Вчера были выступления некоторых товарищей, которые задавали вопрос о необходимости принятия декларации, запрещающей Президенту, руководству страны посылать войска в зону Персидского залива.[6]

Мне приходилось раз десять и в стране, и за пределами страны выступать и разъяснять политику Советского Союза по этому конфликту. Эта политика серьезная, обдуманная, осмысленная, соответствующая всем нынешним стандартам цивилизованных отношений между государствами. У нас с государством Ирак дружественные отношения, они строились годами и сохраняются теперь. Но мы не имеем никакого морального права примириться с агрессией, аннексией маленькой беззащитной страны. Почему мы должны были перечеркнуть все, что сделано за последние годы всей страной, нашим народом в области утверждения принципа нового политического мышления?

Второе. Я разъяснял неоднократно, что у советского руководства в этом направлении нет никаких планов... и никто не собирается посылать туда хоть одного человека в военной форме, хоть одного представителя Вооруженных Сил СССР.

Хочу поставить другой вопрос. Извините, но случайно ли все это? Случайно ли заявление двух членов парламента о том, что удалось убрать министра внутренних дел и теперь пришло время рассчитаться с министром иностранных дел. Это заявление обошло в буквальном смысле всю мировую прессу и наши газеты. Так ли смелы эти ребята (я скажу так, возраст позволяет мне так их называть: они действительно молодые, в погонах полковников) делать подобные заявления в адрес министра, в адрес члена правительства? Прочитайте газеты. Я не назову сегодня ни одной фамилии. Считаю, надо подумать серьезно: кто стоит за спиной этих товарищей и что это такое? Почему никто не опровергает, что это не так, что нет никаких планов? А может быть, есть такие планы?

...Товарищи, идет настоящая травля. Я не стану называть периодические издания. Каких только нет публикаций! Добавлю к этим изданиям и общество «Память».[7] Какие в них употребляются выражения: «Долой клику Горбачева!» Там же упоминают Шеварднадзе и еще несколько фамилий.

...Наступает диктатура, заявляю со всей ответственностью. Никто не знает, какая это будет диктатура и какой диктатор придет, какие будут порядки.

Хочу сделать следующее заявление: я ухожу в отставку. Пусть это будет, если хотите, моим протестом против наступления диктатуры. Выражаю глубокую благодарность М. С. Горбачеву. Я его друг и единомышленник. Я всегда поддерживал и буду до конца моих дней поддерживать идеи перестройки, идеи обновления, идеи демократизации. Мы сделали великие дела на международной арене, но считаю, что это мой долг как человека, как гражданина, как коммуниста. Я не могу примириться с теми событиями, которые происходят в нашей стране, и с теми испытаниями, которые ждут наш народ. Я все же верю, что диктатура не пройдет, что будущее за демократией и свободой. (Аплодисменты).

(«Известия» 21 декабря 1991 г.)

Вопросы:

1. Что не позволило Советскому Союзу поддержать Ирак в конфликте, возникшем после аннексии Ираком Кувейта в августе 1990 года?
2. Какие действия, направленные против Шеварднадзе, названы в его выступлении?
3. Чем Шеварднадзе объясняет свой уход в отставку?

---

[1] Tat;yana Zaslavskaya (b. 1927) sociologist and economist, advocate of radical reform both before and during perestroika.

[2] Mikhail Gorbachev became General Secretary of the Communist Party of the Soviet Union in April 1985.

[3] XIX Party Conference took place in June-July 1988; it resolved to reform the political system by shifting control from the Communist party to freely elected (partly) representative bodies.

[4] Автономия refers to territorial units - republics, areas, regions - inhabited by national minorities, possessing a degree of autonomy in decision-making.

[5] Eduard Shevardnadze (b. 1928) Soviet Foreign Minister 1985-1990, ally of Gorbachev, especially in promoting the shift in foreign policy away from confrontational attitudes towards the West.

[6] Reference to conflict which arose after Irak occupied Kuwait in August 1990.

[7] «Память», Russian nationalist group, initially stood for restoration of Russia's past but later degenerated into extremism and anti-semitism.

ЯНВАРЬ

БРАК ПО-СОВЕТСКИ

Кто сейчас выступает за немедленное подписание Союзного договора? Республики Средней Азии. Кто отказывается? Прибалтика вкупе с Грузией. Остальные более уклончивы, но, впрочем, и Россия, Украина, Казахстан жить общиной особо не рвутся. Самое интересное в такой разнице позиций — они воспроизводят уровни экономических потенциалов союзных республик.

Количество техники на одного занятого работника в Прибалтике почти вдвое выше, чем в Средней Азии (за исключением Туркмении). Произведенный национальный доход на душу населения[1] в Латвии в три раза превышает аналогичный показатель в Таджикистане. Уровень развития (то есть доля промышленности в производстве) колеблется от максимума — 45,1 процента (Эстония) до минимума — 14,4 процента (Туркмения).

По этому же показателю экономического развития Таджикистан и Узбекистан ныне скатились к уровню 1960 года, а Туркмения к 50-м годам. После 1985 года везде стало хуже, но хуже всего в трех республиках: Таджикистане, Узбекистане и Туркмении.

«Богатый Север» не захочет кормить «бедный Юг». Сегодня Россия использует для личного потребления 68 процентов своего национального дохода. Латвия — 79, Молдова — 87, а Таджикистан ...105 процентов. При этом имеем самый низкий в стране уровень жизни. Отсталость нашего Юга была изначально запрограммирована, когда в пору всеобщей индустриализации отцы советского планирования определили Средней Азии быть поставщиком хлопка.

Как уживется в одной союзной упряжке и тот, и другой, если договор все же будет подписан?

Прибалтика уже сегодня проводит независимую экономическую политику. Это продемонстрировала недавно Эстония, одновременно повысив цены и зарплату. Такая акция — не что иное, как снижение курса «эстонского рубля» по отношению к союзному. Это, возможно, обеспечит приток товаров в республику. Только сырьевая зависимость удерживает ее от полного выхода из Союза.

Наряду с независимой Прибалтикой есть группа республик, вроде бы не отказывающихся от Союзного договора, но не согласных с вариантом центра. Эти республики имеют и свое сырье, и развитую индустрию. У их руководства в ближайшее время будет усиливаться решимость покончить с перераспределением финансов в пользу бедных родственников.

Каково же придется тогда республикам Средней Азии? Сегодня они, не имея развитой индустрии, оказались в роли просителей. Если резко свернуть финансовые вливания, то местное население окажется на грани голода, хлопок вытеснил из сельского хозяйства производство продуктов питания.

Голод же увеличит вероятность перехода политической власти в руки неформальных групп, объединенных по этническому и религиозному признаку. Их вполне могут поддержать многочисленные сельские жители, легко поддающиеся управлению с помощью норм шариата.[2] Голодный бунт может быть стихийным. Трудно предугадать, кого вознесет на престол гнев народа.

Р. НАРЗИКУЛОВ,
кандидат экономических наук,
эксперт Центра изучения будущего.
(«Комсомольская правда» 6 января 1991 г.)

Вопросы:

1. Как различные республики относились к подписанию Союзного договора в январе 1991 года?
2. С чем связана разница их позиций?
3. Какие различия между республиками приводит автор?
4. Как возникла отсталость Юга?
5. Какую позицию могут занять в ближайшем будущем республики, которые имеют и свое сырье, и развитую индустрию (Россия, Украина, Казахстан)?
6. Какие возможные последствия этого предсказывает автор?

ТАНКИ НА УЛИЦАХ ВИЛЬНЮСА

Раздался выстрел. Полковник в десантной форме нажал на курок лишь за то, что его облили водой из окна Дома печати, который захватили его подчиненные.[3] Он стрелял боевыми патронами по окну. Десантники сломали двери, выбили окна, избили охрану Дома печати, стреляли в здании боевыми патронами. Журналистов закрыли в кабинетах. Есть пострадавшие. Убитых нет.

От тысяч людей, которые поспешили к Дому печати, десантники отгородились танками, бронемашинами, автоматами наперевес. Каких-либо иллюзий о поведении военных у собравшихся не было. Все видели в обед по Литовскому телевидению репортажи каких-то сумасшедших храбрых журналистов — литовского и норвежского, которые засняли нелепую военную операцию на видео — с лихой ездой боевой техники по городу, стрельбой в воздух, избиением людей. Как прокомментировал свой же репортаж норвежец, он не видел ничего подобного с пражской весны.[4] Танки стоят на всех перекрестках, возле некоторых зданий микрорайона Юстинишкес.

Возле парламента уже третьи сутки круглосуточно дежурят десятки тысяч людей. Поют, танцуют, плачут, молятся. Никаких беспорядков нет.

В пятницу объявили политическую забастовку все заводы союзного подчинения.[5] Требования: распустить парламент, ввести президентское правление.[6] Бастующие организовали в тот же день митинг возле здания Верховного Совета. Стычки между собравшимися не произошло, лишь один человек упал с дерева.

Телевидение и радио приносят все новые сообщения. Объявлена боевая готовность в вильнюсском северном городке, где расположена мотострелковая дивизия. Жителей Вильнюса попросили срочно собираться у городского узла связи, телеграфа, телецентра, которые, как ожидается, тоже будут заняты. Ко всем прозвучала просьба — не оказывать сопротивления, встречать военных молчанием.

В. ЗАРОВСКИЙ.
Вильнюс, 11 января.
(«Комсомольская правда» 12 января 1991 г.)

Вопросы:

1. Что происходило в Вильнюсе в Доме печати и около него?
2. Какие видеорепортажи показывали по Литовскому телевидению?
3. Какие действия предприняли люди, работающие на заводах союзного подчинения?

СКОРБНЫЕ СВЕЧИ ВИЛЬНЮСА

Во многих домах Вильнюса в воскресенье вечером зажглись свечи. Город и вся Литва — в трауре. По уточненным данным, число погибших составило 14 человек.[7] В больницах много тяжелораненых. Свечи в руках людей и на площади Независимости, превращенной в забаррикадированное со всех сторон пространство. Горят костры. Литовский парламент — в ограждении арматуры, автобусов, тракторов, груженных песком самосвалов. Внутри здания у входа гора мягких кресел. По залам парламента толпами ходят молодые парни, вооруженные кто чем: палками, резиновыми дубинками, железными прутьями. У некоторых за плечами винтовки. Изредка возникает движение, проносится слух — танки движутся в направлении парламента! Все, кто спал, вскакивают, кто бродил без дела, собираются группами. Вздох облегчения — отбой.

С приездом делегации Совета Федерации СССР[8] появилась надежда договориться с военными. Так оно и случилось. Побывав в Комитете национального спасения,[9] встретившись с В. Ландсбергисом,[10] посмотрев видеокассеты с кровавым ночным сюжетом, делегация встретилась с военными. На встрече и была заключена договоренность о том, что ночью никаких действий со стороны военных предприниматься не будет. Ночь с воскресенья на понедельник прошла спокойно.

В Верховном Совете мне удалось переговорить с Б. Олейником.[11] Давать даже предварительную оценку событиям он отказался. Члены делегации приехали в Литву для того, чтобы больше не погиб ни один человек, кратко заявил он. А вот бывший премьер-министр К. Прунскене[12] ответила на вопросы «Известий» более обстоятельно.

— То, что происходит сегодня, — сказала она, — это явное отступление от тех демократических процессов, которые в последнее время интенсивно развивались в стране и республике. Я могла предположить, что будет нажим, связанный с неудачными попытками договориться, что, вероятно, мы снова сможем оказаться в экономической изоляции,[13] но что будут такие жертвы — и в мыслях не было.

В понедельник в Вильнюсе — прощание с телами погибших. У Дворца спорта — людское море. В окнах города горят свечи...

Н. ЛАШКЕВИЧ.
(«Известия» 14 января 1991 г.)

Вопросы:

1. Почему 14 января в Вильнюсе зажглись свечи?
2. Как выглядела площадь Независимости?
3. Что можно было увидеть в здании парламента?
4. Как действовала делегация, приехавшая из Москвы?
5. Как оценила происшедшее Прунскене?

ЛИТВА: КАК ЭТО БЫЛО

11 —12 марта 1990 г. На заседании парламента Литвы ночью было принято решение о выходе Литвы из состава СССР. Из 141 депутата за выход из СССР проголосовало 135 человек, 6 — воздержалось. Ранее на состоявшихся выборах в парламент Литвы большинство голосов получило движение «Саюдис»[14] (75%). Представители Компартии Литвы (на платформе КПСС)[15] получили 4% голосов.

Из выступления **В. Ландсбергиса,** Председателя Верховного Совета Литовской Республики:

«К сожалению, соседняя страна — СССР — не желает признать нашу независимость и делает все возможное, чтобы конфликт не прекращался. Наш суверенитет постоянно нарушается. Подчеркиваю — на территории Литвы действует только Конституция Литвы, а не Конституция другого государства — СССР».

Из выступления второго секретаря временного ЦК Компартии Литвы на платформе КПСС **В. Шведа:**

«И это называется демократия и плюрализм по-саюдисски![16] ...Нас обвиняют, что мы попросили помощи у Советской Армии и десантники захватили ряд зданий в Вильнюсе, принадлежащих КПСС. Заявляю: никакого захвата не было — ведь нельзя захватить то, что принадлежит тебе по закону».

29 ноября 1990 г. Рабочие вильнюсского завода радиоизмерительных приборов обратились к Президенту СССР с письмом, в котором говорилось: «Может ли быть в составе Президентского совета человек, чья деятельность не препятствует деструктивным силам в Прибалтике, а значит, и во всей стране?» Рабочие имели в виду министра внутренних дел СССР В. Бакатина.[17]

1 декабря 1990 г. Отставка министра внутренних дел СССР В. Бакатина.

20 декабря 1990 г. Министр иностранных дел Э. Шеварднадзе на Съезде народных депутатов СССР делает заявление о своей отставке и предупреждает о наступлении диктатуры.[18]

7 января 1991 г. В Литву введены десантные подразделения. Министр обороны отдал приказ об использовании десантников согласно Указу Президента для обеспечения очередного призыва в армию.[19]

По решению правительства Литвы розничные цены на продукты питания в республике повышены в среднем в 3,2 раза. Одновременно на ряде предприятий Вильнюса прошли кратковременные забастовки, трудовые коллективы направили телеграммы протеста против повышения цен в адрес правительства и профсоюзов Литвы.

8 января 1991 г. Выступая на сессии Верховного Совета Литвы, премьер-министр Казимера Прунскене заявила об уходе в отставку. Большинством голосов (72 — «за», 8 — «против», 22 — «воздержались») отставка правительства была принята.

9 января 1991 г. В центре Вильнюса прошли митинги представителей русскоязычного населения с лозунгами: «Долой парламент!», «Да здравствует Союз СССР!» и митинги в поддержку руководства Литвы.

10 января 1991 г. У здания ВС[20] Литвы не прекращаются митинги.

Президент СССР М. С. Горбачев направил ВС Литовской ССР обращение, в котором предложил «незамедлительно восстановить в полном объеме действие Конституции СССР и Конституции Литовской ССР, отменить ранее принятые антиконституционные акты». Ландсбергис охарактеризовал обращение Президента СССР как вмешательство во внутренние дела суверенного государства.

11 января 1991 г. Отряд десантников захватил здание Департамента охраны края Литовской Республики. Солдаты периодически открывали стрельбу в воздух.

Подразделения воздушно-десантных войск захватили Дом печати.[21] Работников расположенных здесь газет заставили поднять руки и вынудили покинуть здание. Дом печати охраняется 8 танками. В больницы Вильнюса доставлены 8 пострадавших: 3 с огнестрельными ранениями и 5 со следами побоев. На улице танк наехал на грузовик «КамАЗ», водитель грузовика получил тяжелые ранения. Военные избили иностранного журналиста, снимавшего передвижение бронемашин по городу.

По сообщению пресс-центра ВС Литвы, В. Ландсбергис позвонил по правительственной связи М. Горбачеву, чтобы остановить кровопролитие в Литве, но в секретариате Президента ответили, что Михаил Сергеевич не может подойти к телефону.

ЦК Компартии Литвы объявил о создании Комитета национального спасения,[22] который «берет на себя всю ответственность за судьбу республики». «В целях обеспечения безопасности его членов» состав комитета оглашен не был.

С вертолета по городу разбрасываются листовки с призывами ввести в республике прямое президентское правление.[23]

12 января 1991 г. Военные взяли под охрану телефонный усилительный узел Вильнюса. Комитет национального спасения заявил, что он считает нужным взять всю полноту власти в свои руки.

В Кремле под председательством Президента СССР М. С. Горбачева состоялось заседание Совета Федерации.[24] При рассмотрении вопроса об обстановке в Литве подчеркивалось, что крайне важно действовать политическими методами, на основе Конституции и законов СССР.

13 января 1991 г. Здание Литовского телевидения окружено 10 танками. Танки начали стрелять холостыми снарядами по зданию телевидения.

Прерваны передачи литовского телевидения в Вильнюсе. В последних кадрах из телестудии было показано, как десантники ворвались в помещение, и телезрители могли увидеть их атаку на телецентр. Прерваны передачи литовского радио. Войска захватили телеграф.

Дальнейшие события в районе здания Верховного Совета Республики Литвы: 7 танков подошли к зданию парламента, но были блокированы. За танками следовали на машинах силы Интерфронта,[25] которые выкрикивали победные лозунги.

14 января 1991 г.

Отвечая на вопросы депутатов в Верховном Совете СССР, министр внутренних дел Б. Пуго[26] сообщил, что взятие под охрану имущества КПСС в Вильнюсе было осуществлено в связи с соответствующим постановлением Совета Министров СССР. Ни Президент СССР, ни кто-либо из центра руководства страны не давал распоряжений о применении армейских подразделений в Вильнюсе.

Подготовил Ю. СИГОВ по материалам печати, информационных агентств Балтфакс, ТАСС, Интерфакс.
(«АиФ» № 3, 1991 г.)

Задание:

Составьте таблицу главных дат и событий в Литве.

ЧТО ДУМАЮТ В РОССИИ О СОБЫТИЯХ В ЛИТВЕ

16 января 1991 г. Всесоюзный центр изучения общественного мнения (ВЦИОМ)[27] провел экспресс-опрос городского населения России, охвативший 962 человека в 13 городах различного размера — от Красноярска до Ленинграда и от Ставрополя до Воркуты.

1. ОДОБРЯЕТЕ ЛИ ВЫ ИЛИ ОСУЖДАЕТЕ ДЕЙСТВИЯ ВОЙСК В ПРИБАЛТИКЕ В ПОСЛЕДНИЕ ДНИ?

одобряю	29%
осуждаю	55%
затрудняюсь ответить	6%

2. ПОДДЕРЖАЛИ БЫ ВЫ ИЛИ НЕ ПОДДЕРЖАЛИ ПРЕДЛОЖЕНИЕ, ЧТОБЫ ВСЕ УЧАСТНИКИ КОНФЛИКТА В ПРИБАЛТИКЕ ОТКАЗАЛИСЬ ОТ ПРИМЕНЕНИЯ СИЛЫ И НЕМЕДЛЕННО ПРИСТУПИЛИ К ПЕРЕГОВОРАМ?

поддержал бы	92%
не поддержал бы	3%
затрудняюсь ответить	5%

3. КАК БЫ ВЫ ЛИЧНО ОТНЕСЛИСЬ К ТОМУ, ЧТОБЫ СОВЕТСКАЯ АРМИЯ ВЗЯЛА ПОД СВОЙ КОНТРОЛЬ ПОЛОЖЕНИЕ В РОССИИ?

положительно	28%
отрицательно	58%
нейтрально, затрудняюсь ответить	14%

Рабочая группа ВЦИОМ.
(«Комсомольская правда» 18 января 1991 г.)

Вопросы:

1. Какой вывод можно сделать, сравнив ответы на первый и на третий вопрос?
2. Как вы думаете, почему ответы на второй вопрос так сильно отличаются от остальных?

Полковник В. Алкснис:[28]
МОСКВА НАС БРОСИЛА

Перед вами — интервью, которое мы посчитали для себя не вправе не опубликовать. Безусловно, народный депутат СССР В. АЛКСНИС понимает, что несет ответственность за информацию, за свои слова. И если в них есть хоть толика правды, пусть это послужит предостережением тем, кто думает, будто все, что произошло в Прибалтике, случайность. Со своей стороны редакция обещает немедленно опубликовать опровержение на эту информацию, которую дал полковник В. Алкснис.

— В беседе с западными корреспондентами вы сказали, что комитеты национального спасения[29] в прибалтийских республиках были созданы по инициативе Президента СССР М. Горбачева, чтобы в конечном итоге ввести в этих республиках президентское правление.

— Да, это соответствует действительности. Я на днях разговаривал с товарищами из Комитета национального спасения Литвы. Они сказали так: все, о чем нас просила Москва, мы сделали. Москва обещала, что вторую половину пути — введение прямого президентского правления — она пройдет сама. Однако Москва бросила нас. Нас предал Президент, нас предали Верховные Советы СССР и РСФСР, правительство СССР, нас предал Б. Ельцин.

— Ваш прогноз развития событий в Прибалтике?

— Гражданская война.

— В Прибалтике?

— Нет. Она неизбежно перерастет в гражданскую войну в масштабе Союза.

— Война между кем и кем?

— Начнется она как межнациональный конфликт. Но это только внешняя форма. Сегодня все уже понимают, что по сути это политический конфликт. Будет углубляться процесс расслоения на сторонников и противников пути, избранного Верховными Советами прибалтийских республик.

Более того, грядет полный крах экономики, остановка крупных заводов. На улицы выйдут миллионы рабочих. Вот тогда ситуация станет неконтролируемой. Куда качнется эта масса рабочих? На кого она пойдет — на коммунистов или радикалов? Одному богу известно. Кого она будет считать врагами? В итоге страшный хаос и полная анархия.

И вот тут-то может возникнуть новая, третья сила, о которой сегодня никто не знает и не подозревает. Это будет не Ельцин и не Горбачев, а совсем неизвестный человек, который в данной ситуации может случайно прийти к власти.

— Но ведь соотношение сил, например, в Литве, далеко неравное: 80% литовцев и 8,9% русских. Без вмешательства армии русскоязычное население обречено на поражение. Вы надеетесь прийти к власти на штыках?

— Не исключено и то, что армия перейдет на автономный режим работы. Сейчас ситуация в армии сродни ситуации 1917 года.

— По вашему мнению, Президент уже потерял контроль над армией?

— Пока управляет. Однако в армейских кругах растет протест в связи с тем, что ее в который уже раз «подставили» в событиях в Литве, что из нее постоянно делают «козла отпущения», в то время как истинные виновники трагических событий в тени.

— А вы не думаете, что армия тоже может «расслоиться»?

— В Прибалтике — нет. Это может произойти в Москве, среди тех, кто служит в теплых кабинетах Генштаба[30] и различных управлений, а там — нет. Там «однородная» армия. Идеи «Демократической России»[31] среди нашего офицерского корпуса поддерживают лишь несколько процентов.

— В чем, с вашей точки зрения, конкретно выражается «предательство» Президентом армии? В том, что у него не хватило решительности ввести прямое президентское правление в Литве?

— Да. Потому что, если конкретное решение принято, оно должно выполняться. В противном случае лучше не начинать.

— Но официальных сообщений о подобном решении Президента не было.

— Правильно, оно не афишировалось. Однако проводился комплекс мероприятий по подготовке такого решения.

Сейчас же, в силу нерешительности Президента, мы оказались в худшем положении, чем до того. Нас втянули в эту авантюру. Я с первого дня знал, что это авантюра, потому что... Я повторяю — Президент нас предал. Он боится взять на себя ответственность. Зачем вообще надо было начинать все это? Представьте, хирург начинает операцию, делает разрез на теле больного и оставляет его...

В. РОМАНЕНКО.
(«АиФ» № 4, 1991 г.)

Вопросы:

1. Что представляли собой комитеты национального спасения?
2. Кого и в чем они обвиняют?
3. Какое развитие событий предсказывает В. Алкснис?
4. Что, по его словам, может произойти с армией?
5. Почему, по мнению В. Алксниса, М. Горбачев не выполнил решения ввести прямое президентское правление в прибалтийских республиках?

ЕСТЬ ЛИ ПРАВДА НА ВСЕХ ОДНА?

Короче, ТСН![32]

Еще не успела проясниться ситуация со «Взглядом»[33], как зарябил, замигал экран во время передач ТСН. Был зафиксирован первый тревожный сигнал: Татьяна Миткова отказалась зачитывать навязанный ей руководством комментарий о событиях в Литве. Это было в ночь с 13 на 14 января, когда вся страна замерла от известий из Вильнюса.[34]

Каждый следующий выпуск ТСН был все более скупым на факты, а лица ведущих были все более напряжены. Как выяснилось сейчас, первый заместитель председателя Гостелерадио П. Решетов предпринял практику сплошной цензуры новостей.

И вот позавчера в три часа передача не вышла вовсе. Оказались невостребованными свежие и достоверные факты, которые могли бы пролить на вильнюсскую трагедию свет.

Многие дожидались выхода хотя бы ночных новостей, но и они не появились. Вести эту передачу должен был Дмитрий Киселев. Как он сообщил нашему корреспонденту, «главный сменный редактор Виталий Мирошников потребовал выбросить из передачи два сюжета». Один из них рассказывал о первой жертве насилия в Латвии с неопровержимой очевидностью телефакта. В другом было зафиксировано, как на Верховном Совете полковник Петрушенко требует: «Руки прочь от Кравченко».[35] Дмитрий согласился пойти на компромисс в случае с Петрушенко, но отказался умолчать об убийстве в Латвии. Тогда был запрещен весь выпуск.

В сложнейшей ситуации коллектив ТСН заявил своему главному редактору, что журналисты расценивают новую ситуацию, как работу в условиях политической цензуры, которая запрещена законом.[36]

О. ПШЕНИЧНЫЙ.

....Но правды нет и выше

Это возможно только в нашей стране: после кровавых событий в Вильнюсе верховная власть начала не столько разбираться в том, что там произошло, сколько в том, кто и как эти события освещает в печати.

Последний день IV сессии ВС[37] СССР. Накануне по Ленинградскому телевидению был показан документальный фильм А. Невзорова, снятый по горячим следам трагических событий в Вильнюсе.[38] Часть депутатов сочла его наиболее правдивой версией происшедшего (чего, на их взгляд, не хватало многим газетам и передачам) — и предложила показать всей стране по 1-й программе ЦТ[39]. Другая часть объективности ради предложила показать и другие имеющиеся материалы: хронику, снятую зарубежными тележурналистами, ответы на вопросы депутатов министров обороны и внутренних дел Д. Язова и Б. Пуго...[40] В этот момент в дискуссию вступил Президент. Он высказался за то, что общество нуждается в объективности и что в прессе должны присутствовать все точки зрения. А если какое-то издание что-то печатать не хочет и Закон о печати его к этому принудить не позволяет? Тогда Верховный Совет, по словам Президента, вправе этот закон и приостановить. Чуть позднее Президент уточнил, что, в общем-то, он не настаивает на приостановке Закона о печати. Но при условии, что все газеты, от «Правды» до «Курантов» и «Коммерсанта»,[41] все каналы телевидения будут представлять «точки зрения общества, а не позиции политических групп...»

Как можно представлять все «точки зрения общества», мы убедились в тот же день. Фильм А. Невзорова, снятый с одной позиции, был в тот же день дважды показан по ЦТ, а судьба всех остальных материалов так и осталась неясной. Это и есть отражение телевидением всех точек зрения?

Не решив судьбу альтернативных видеоматериалов, парламент дал поручение Президиуму ВС и Комитету по вопросам гласности разработать меры по обеспечению объективности освещения событий в стране.

Идет наступление на гласность, единственное пока реальное завоевание перестройки.

И. СИЧКА.

Владимир Дудинцев:[42] У каждого народа свои ястребы

— О фильме А. Невзорова «Наши» я могу говорить лишь как чрезвычайно заинтересованное частное лицо. Заинтересованное, потому что я — русский человек. Я много воевал и не понаслышке знаю, что такое русские бойцы, гимн которым поет в своей передаче Невзоров.

Горько, что наши солдаты стали просто воплощенным оружием в чьих-то жестоких руках. И вдвойне горько, потому что они — действительно наши.

Они наши — ибо каждого из них ждет у нас дома, в России, мать, переживая за судьбу и участь своего сына. Наши — потому что они, русские солдаты, от нашего имени вершат сейчас в Прибалтике неправое дело.

«Наших бьют!» — говорят нам сегодня — и мы снова протягиваем «руку помощи». Как протягивали в свое время и Польше, и Венгрии, и Чехословакии, и Афганистану.[43] Но почему-то никто не задается вопросом, а за что бьют? Я полагаю, за то, что «наши» препятствуют маленькому народу Литвы обрести, кстати, в силу Конституции СССР, независимость. Конечно, любое насилие, а тем более насилие по национальному признаку, омерзительно. Но вместо того, чтобы полюбовно, на правительственном уровне решить вопрос о дальнейшей судьбе русских, не желающих проживать в независимом литовском государстве, мы пускаем в дело наш «железный аргумент», ставя под сомнение существование всего государства!

У каждого народа есть свои ястребы. Есть они, увы, и у нас, у русских. Они тоже наши, эти ястребы, — и это ничуть не оскорбление, они ведь сами себя так именуют. Кровь мирных жителей и наших солдат — на их когтях, но охотники, на руке которых они сидят, должны помнить: ястреб — птица дикая и хищная, она не поддается дрессировке и может при случае клюнуть и хозяина.

(«Комсомольская правда» 18 января 1991 г.)

Вопросы:

1. Что делали под давлением цензуры ведущие ТСН Татьяна Миткова и Дмитрий Киселев?
2. Как добивался «объективности» освещения событий в Прибалтике Горбачев?
3. Какой документальный фильм показали всей стране?

4. Какие материалы о тех же событиях показаны не были?
5. Как расценивает эти действия Сичка?
6. Почему Дудинцеву было горько смотреть фильм Невзорова?
7. Почему, как полагает Дудинцев, русских «бьют»?
8. Как вы думаете, кого и о чем предупреждает Дудинцев, когда он говорит о ястребах?

---

[1] Доход на душу населения - per capita income.

[2] Sharia, Moslem religious law.

[3] Press House, formerly property of the Lithuanian Communist Party; when LCP separated from the CPSU in December 1989, the small section remaining loyal to Moscow disputed LCP's right to party property.

[4] Prague Spring, reference to Soviet troops crushing liberal reform movement in Czechoslovakia in 1968.

[5] Enterprises run from Moscow by Union ministries, with predominantly Russian-speaking labour force.

[6] Implies direct presidential rule from Moscow, by-passing republic's own government.

[7] People died when troops stormed the television centre on the night of 13 January.

[8] Federation Council, body set up in March 1990, consisting of M. Gorbachev and heads of state of Union republics with responsibility for inter-ethnic and inter-republican issues.

[9] National Salvation Committee, shadowy organisation formed by pro-Moscow communists to speak 'for the people' and used to legitimize military intervention.

[10] Vytautas Landsbergis (b. 1932) musicologist turned politician, from 11 March 1990 leader of independent Republic of Lithuania

[11] Boris Oleinik (b. 1935) member of the Supreme Soviet of the USSR, radical Ukrainian poet and campaigner for national minority rights and environmental issues.

[12] Kazimiera Prunskiene (b. 1943) economist, prominent in Lithuanian independence movement, prime minister from March 1990, resigned in January 1991 because of opposition to price increases she tried to introduce.

[13] Reference to Moscow's economic blockade of Lithuania following the independence declaration on 11 March 1990; the blockade was lifted at the end of June of that year pending negotiations.

[14] "Sajudis" (Movement) Lithuanian independence movement, equivalent to Popular Front, formed in 1988.

[15] Section of the party remaining loyal to Moscow after Lithuanian Communist Party declared itself separate from the CPSU in December 1989.

[16] По-саюдисски - as "Sajudis" understand it, see note 14 above.

[17] Vadim Bakatin (b. 1937) reformist Interior Minister 1988-1990, dismissed after pressure from conservatives for going along with Baltic and other republics setting up their own law-enforcement bodies.

[18] Eduard Shevardnadze (b. 1928) Foreign Minister from 1985, associated with the shift in Soviet foreign policy from confrontational attitudes towards the West.

[19] Reference to Gorbachev's decree of 1 December 1990 authorising the use of troops to enforce the call-up of army recruits in separatist republics.

[20] ВС — Верховный Совет, Supreme Council, parliament; the word "Coucil" in the English translation from Lithuanian is used to distinguish it from "Supreme Soviet".

[21] See note 3 above.

[22] See note 9 above.

[23] See note 6 above.

[24] See note 8 above.

[25] Интерфронт, organisation formed by Russian-speaking immigrants to oppose the national independence movement.

[26] Boris Pugo (1937-1991) Komsomol and KGB official from Latvia, appointed Minister of the Interior to replace Vadim Bakatin. (See note 17 above.)

[27] ВЦИОМ, Centre for the Study of Public Opinion, set up in 1988, noted for high-quality survey research as well as regular polling of public opinion.

[28] Viktor Alksnis (b. 1950) leader of conservative group «Союз», especially active in the autumn of 1990 in attacking radical reformers and their policies.

[29] National Salvation Committees (see note 9 above) were also created in Latvia and Estonia.

[30] Генштаб, General Headquarters of the Soviet Armed Forces.

[31] «Демократическая Россия», loosely structured coalition of political forces calling for radical economic and political reform.

[32] ТСН — Телевизионная служба новостей, set up in January 1990, noted for its short, racy and informative news bulletins; it attracted many radical younger journalists and presenters.

[33] «Взгляд» (Viewpoint) popular television programme combining frank uncompromising reporting of politically sensitive issues with rock-music entertainment etc., suspended at the end of December 1990 because of a dispute with the authorities who banned its programme on Foreign Minister's Shevardnadze's resignation.

[34] See note 7 above.

[35] Reference to a campaign by popular writers, film-makers and others, against 'de-politicisation' of television by Leonid Kravchenko, appointed Chairman of State Committee for Television and Radio (Гостелерадио) in November 1990 as part of the conservatives' efforts to re-impose party control on the media.

[36] Reference to Закон о печати, Law on the Press (effective 1 August 1990) which ended censorship, allowing anyone to start a newspaper.

[37] ВС — Верховный Совет, Supreme Soviet, parliament.

[38] Aleksandr Nevzorov (b. 1958) presenter of "600 Seconds", Leningrad Television's lively investigative show; his documentary «Наши» (Our People) on the plight of Russians in the Baltic Republics was branded by radicals as spurious.

[39] ЦТ — Центральное телевидение.

[40] Pugo and Yazov denied that any orders to attack the television centre in Vilnius had come from Moscow and explained that the army acted to protect the defenceless opposition from armed supporters of the Lithuanian government.

[41] «Куранты», «Коммерсантъ», new independent newspapers published, respectively, by Moscow City Council and an umbrella organisation for various business interests. «Правда», newspaper of the CPSU.

[42] Vladimir Dudintsev (b. 1918) writer, prominent in the period after Stalin's death in 1953 and again during the glasnost years.

[43] Reference to Soviet military involvement in suppressing anti-communist opposition in Hungary (1956), Czechoslovakia (1968) and the war in Afghanistan (1979-1989).

ФЕВРАЛЬ

ПАРЛАМЕНТСКОЕ ПРОСЛУШИВАНИЕ

Как нам стало известно, в здании Верховного Совета России на Краснопресненской набережной обнаружены комнаты с аппаратурой прослушивания. Об этом конфиденциально сообщили службе охраны здания специалисты связи. В комнатах 420 и 420-а (над кабинетом Б. Ельцина), по сведениям связистов, установлена спецаппаратура, которой пользуются работники КГБ СССР. Как сообщил один из сотрудников охраны Верховного Совета Ю. Горячев, это помещение «повышенной режимности»,[1] и даже ключей от них у хозяйственных служб Верховного Совета нет. Пропуска сотрудникам КГБ выдал бывший управляющий делами Совмина[2] Стерликов, ныне перешедший на работу в аппарат КГБ СССР.

Ю. Горячев сообщил также, что аппаратура, установленная в этих комнатах, не относится к правительственной связи,[3] она оказалась сейчас как бы «бесхозной»[4]. Скорее всего в присутствии депутатов двери комнат 420 и 420-а будут вскрыты и их интерьер продемонстрирован журналистам.

А В ЭТО ВРЕМЯ...

Начальник центра общественных связей КГБ СССР А. Н. Карбаинов заверил редакцию, что ничего подобного в действительности нет и, по его мнению, сегодня такое просто невозможно.

(«Комсомольская правда» 5 февраля 1991 г.)

Вопросы:

1. В каком здании обнаружена аппаратура подслушивания?
2. Кто сообщил об этом?
3. Что собирается делать служба охраны здания?
4. Что сказал по этому поводу начальник центра общественных связей КГБ?

ВОПРОС, КОНЕЧНО, ИНТЕРЕСНЫЙ...

«Считаете ли вы необходимым сохранение Союза Советских Социалистических Республик как обновленной федерации равноправных суверенных республик, в которой будут в полной мере гарантироваться права и свободы человека любой национальности».

Постановление Верховного Совета СССР «Об организации и мерах по обеспечению проведения референдума СССР по вопросу о сохранении Союза Советских Социалистических Республик» кажется — при первом чтении — шагом на пути к демократии. На первый взгляд оно находится в правовом русле[5] «Всеобщей декларации прав человека»,[6] где сказано: «Воля народа должна быть основой власти правительства...». Однако обращает на себя внимание, что уже сейчас, в начале февраля, ряд республик СССР или вообще отказались принять участие в референдуме, или приняли решение переформулировать вынесенный на всенародное обсуждение вопрос. Высказали неоднозначное отношение[7] к референдуму Армения, Грузия, Украина, РСФСР, республики Прибалтики. В чем тут дело?

Без малого год назад, 11 марта 1990 г., Верховный Совет Литвы провозгласил независимость республики. Позднее парламенты всех союзных республик и большинства автономий приняли Декларации о суверенитете,[8] большей частью заявляя при этом о своей приверженности Союзу суверенных республик. Начался процесс подписания двусторонних договоров как основы экономического союза политически суверенных государств.

Этот процесс продемонстрировал необходимость и неизбежность тесных и многообразных связей между государствами и народами во многом общей судьбы и близких интересов. Главным фактором отталкивания друг от друга стала тоталитарная система. Для многих республик эта система воплощена в «злокозненном»[9] центре. В этих условиях складывается уникальная в мировой практике ситуация, когда центр как бы «завис»,[10] опираясь не столько на заинтересованное союзничество республик, сколько на органы власти и средства насилия.

...В истории нашей страны... выигрывали лишь наднациональные силы — номенклатура[11] и военно-промышленный комплекс. Эти-то силы и есть «центр», коему противостоят ныне в своем большинстве республики. Лишь постепенно и неспешно, заново создавая взаимовыгодные связи, можно лечить больные соединительные ткани, отсекая все чуждое и паразитарное.

Референдум в этих обстоятельствах сам по себе представляется делом спорным.

Наконец, очевидно, что вопрос, вынесенный на референдум, содержит фактически четыре вопроса: о сохранении Союза ССР, о создании на его территории «обновленной федерации», о республиканском суверенитете, о правах человека, на которые гражданам страны предлагается дать всего один ответ. Вопреки правилам проведения референдумов содержание вопроса не является ясным и нейтральным по смыслу.

Мы предлагаем отменить проведение намеченного референдума. Если же референдум неизбежен, следовало бы провести независимые республиканские референдумы с одним лишь вопросом: **«Согласны ли вы с вхождением вашей республики в Союз ССР?**

— Да, согласен.

— Нет, не согласен».

Ф. БОРОДИН, д.э.н.; А. ЗАЙЦЕВ, д.ф.н.; М. КРЮКОВ, д.и.н.; Л. ПЕРЕПЕЛКИН, к.и.н.; Л. ШЕВЦОВА, д.и.н.; О. ШКАРАТАН, д.и.н.; А. ЯКОВЛЕВ, д.ю.н.,[12] народный депутат СССР

(«Комсомольская правда» 13 февраля 1991 г.)

Вопросы:

1. Какое решение о референдуме приняли республики?
2. Что произошло после провозглашения независимости Литвы?
3. Что, по мнению авторов, отталкивает республики друг от друга?
4. На что опирался центр?
5. Почему авторы предлагают отменить проведение референдума?
6. Что следовало бы провести вместо него?

МЫ ПОГИБНЕМ НЕ НА ВОЙНЕ, А В ОЧЕРЕДЯХ

В автобусе кто-то кому-то наступил на ногу. Тот, кому наступили, ехал с друзьями. Друзья выволокли «обидчика» на улицу и, ударив головой об асфальт, убили. После чего скрылись, будто растаяли, на глазах у неуспевшей ахнуть толпы.

В «Гамлете» Офелия, обращаясь к королю, говорит: «Мы знаем, кто мы такие, но не знаем, чем можем стать».

Чем (какими) мы можем быть, стало ясно в автобусах и магазинных очередях.

Уже как-то вполне буднично, бытово дерутся в общественном транспорте прилично одетые миловидные женщины. И не от злобы и агрессивности, а от всеобщей тупости и одичания.[13] «Люди Бога не боятся», объяснила мне одна старушка. Да, не до страха и стыда стало — ни перед некой «высшей инстанцией»,[14] ни перед друг другом, ни перед самим собой. Все гораздо проще. Надо умудриться залезть в автобус, изловчиться купить пакет молока.

Одному городскому покупателю не досталось молока, он пошел в кабинет директора магазина и чиркнул его по шее бритвой. К счастью, директор остался жив.

На почве нехватки продуктов и товаров, на бытовой почве мы очумели и готовы взорваться по малейшему поводу или даже без оного.[15]

И поэтому, уходя сегодня в магазин за кочаном капусты, не знаешь — вернешься или нет. Вдруг тебе достанется последний кочан капусты, а стоявший в очереди сзади не сможет снести такого оскорбления, и не к директору побежит чиркать бритвой горло, а с тобой расправится. Да и многие ли из нас способны не впасть в отчаяние, когда именно перед ним после многочасового стояния в очереди что-то кончилось?

Очередь — не то место, где любовь к ближнему крепнет, здесь действует принцип: «Спасайся, кто может!»

В многолюдной толпе очереди, в автобусной давке мы становимся противниками друг другу. Чем-то абстрактным, безликим, что можно оскорбить, пнуть и даже убить.

Однако что ж теперь бедностью и убогостью существования объяснять и оправдывать все низменное?

Говорят, первоисточник зла — в невыносимости человека для самого себя и в обращении ее (собственной невыносимости) вовне. Если я невыносим себе, я так или иначе разрушу и все вокруг. С философской точки зрения, все то, что хотело свершиться, стучалось в двери бытия, но не исполнилось, — и составляет запас агрессии.

Это пороховая бочка.[16]

Эту пороховую бочку носит внутри себя едва ли не каждый из нас.

Конечно, если на меня кричит подавальщица в буфете или женщина, раздающая талоны на сахар в домоуправлении,[17] я понимаю, что не исполнилось что-то, не сбылось у этих молодых, но агрессивных, усталых и издерганных[18] людей, что, наверное, они на что-то большее надеялись в жизни, чем накладывать в тарелку салаты или резать в грязной холодной комнате талоны. И они изобретают себе воображаемых врагов.

Но жизнь эта дана нам от рождения и от судьбы. От судьбы не уйти. И этой жизнью жить. Увы, пока (надеюсь, что пока) — в очередях. Согласна, это позорное существование. Но от того, что мы друг друга толкаем, давим, оскорбляем, мучаем — существование наше менее позорным не становится, наоборот, доводит всех до беспредела.[19]

Социологи считают, что любая очередь — это паразитический организм, независимо от того, за чем стоят люди и что они надеются получить.

(Мы ведь стоим в очередях за всем на свете — за колбасой, жильем, машиной, удачей, счастьем.)

И именно это «получение» закрепляет ощущение всеобщей и безысходной зависимости, тщеты тебя самого и твоих усилий перед лицом таинственных благоволений и опеки, держащей тебя — нерыпающегося![20] — как бы перед прилавком Армии спасения.

А пока — что? Из-за невыносимости самого себя разрушать все вокруг? Взрывать и взрывать свои пороховые бочки? Или попытаться сдерживаться, сосредоточиться на другом? На том, чтобы исполнилось, состоялось в моей жизни то, что даст мне силы не видеть в окружающих людях врагов, источников моих бед и несчастий?

А к быту относиться... как к быту. Не позволять быту вводить себя в исступление.

З. ЕРОШОК.
(«Комсомольская правда» 15 февраля 1991 г.)

Вопросы:

1. Какие примеры одичания людей приводит Ерошок?
2. Что происходит с людьми в очереди?
3. Отчего, по ее мнению, человек агрессивен?
4. На чем она советует сосредоточиться?

Задание:

Напишите сочинение на тему: «В многолюдной толпе мы становимся противниками друг другу».

ПРИЗНАЮ СЕБЯ ВИНОВНЫМ

Вчера в магазине меня обхамили на десять рублей.[21] И как же было обидно! Не из-за денег, нет. Из-за того, что свидетелем безобразной сцены была моя жена.

Чувствовать себя беззащитным всегда унизительно. Но когда эту беззащитность наблюдает любимая — унизительно вдвойне. Мужчина обязан быть победителем — в своих глазах, а уж тем более в глазах любимой женщины. Он — в идеале — должен вести за собой, принимать решения, брать на свои плечи все тяготы и лишения, короче, совершать подвиги. И, естественно, делать подарки. А прекрасной половине (опять же в идеале!) должно с восхищением эти подарки принимать, гордясь умом и силой своего избранника. Эти истины известны всем, они заложены в нас природой, и вспомнил я о них лишь для того, чтобы было понятно: после сцены в магазине на душе у меня стало скверно. И это состояние мелкой скверности посещает все чаще.

Моя жена добирается на работу полтора часа. Столько же — назад, после трудового дня. Две пересадки, три вида транспорта, причем в каждом — не продохнуть. И каждый раз, когда я вижу ее, сдавленную, смятую толпой таких же, спешащих на работу людей, мне становится стыдно. Не уберег, не защитил, не подарил автомашину, которая бы избавила ее от унижений общественного транспорта. Стыдно мне и оттого, что не могу зайти в первый попавшийся магазин и купить моей жене любую понравившуюся ей вещь — туфли, платье, духи. Колготки — и то нынче проблема...

Вечная усталость, как ржа, разъедает отношения некогда любящей пары. Почитайте любой из доступных ныне учебников «Интимной жизни»: если женщина переутомлена — она отвратительная партнерша, если мужчина в стрессовом состоянии — нелепо ждать от него нежности и ласки.

Наш дом давно уже перестал быть крепостью: стены его слишком тонки, слишком проницаемы. Нам от общества в нашей «ячейке»[22] не укрыться, и те же стрессы, те же кризисы, что и страна в целом, терпит наш домашний очаг.

Возникает пугающий вопрос: а возможна ли вообще в нашей стране нормальная человеческая семья? Возможно ли у нас, в обществе «победившего социализма», любить праздно и радостно, без постоянных битв с бесконечными житейскими трудностями? Ответ, по-моему, очевиден: невозможно.

Я, мужчина, часть моего общества. И это я конкретно виноват в том, что моя любовь бессильна защитить любимую. Ее несчастливость, усталость, потухший взгляд — это мое поражение. Наши рано старящиеся, согбенные[23] под непосильной ношей житейских невзгод соотечественницы — наш позор и наша боль.

А. СМИРНОВ, читатель. Москва.
(«Комсомольская правда» 23 февраля 1991 г.)

Вопросы:

1. О каких известных истинах вспоминает автор?
2. Какая жизнь у его жены?
3. Какие чувства это у него вызывает?
4. Что он говорит об усталости?
5. Чего бы он хотел от дома, от семьи?

Задание:

Обсудите тему: «Мужчина должен совершать подвиги, а женщина — гордиться его умом и силой».

Из визита М. С. Горбачева в Белоруссию

ВСТРЕЧА НА МИНСКОМ ТРАКТОРНОМ ЗАВОДЕ

Краткое интервью с директором завода И. Кулешовым.

— Что изменилось на заводе в связи с принятием республикой Декларации о суверенитете? Жить стало лучше или хуже?

— Хуже. Возникли новые осложнения. Находясь на территории суверенной республики, мы обязаны выполнять решения его правительства на поставку продукции. А как это сделать, если госзаказ[24] на нашу продукцию составляет 95 процентов? Катастрофически осложнилась ситуация с поставками по кооперации. На завод работают[25] почти 600 предприятий всех пятнадцати республик. Сейчас разорвались все хозяйственные связи. Срыв поставок стал почти нормой. В прошлом году мы впервые не смогли поставить запчастей на 5 миллионов рублей, а они так необходимы в этих же республиках. Сотни тракторов приходится снимать с конвейера неукомплектованными.[26] Ясность с поставкой у нас только на первый квартал. Как будем жить с 1 апреля, не знаю. Многие заводы-поставщики требуют от нас за свою продукцию автомобили, телевизоры, холодильники, которых у нас нет. Но это же не выход — такой первобытный натуральный обмен! Что делать? Выполнять закон, регламентирующий наши взаимоотношения.

Вопросы, которые задавали рабочие М. С. Горбачеву, сводились к нескольким темам: почему в стране такой беспорядок, почему все вдруг разладилось? Не была ли ошибкой начатая перестройка? Почему вдруг возникли такие экономические трудности (в магазинах не купить даже самого необходимого!)? Что нас ждет завтра, когда мы перейдем к рыночным отношениям и повысятся розничные цены? Выживем ли в таких условиях?

М. С. Горбачев не уходил от острых вопросов, отвечал аргументированно.[27] Перестройка была необходима. К тому времени страна уже исчерпала свои экономические и политические ресурсы. Исчез выручавший нас ранее избыток рабочей силы. Географически значительно дальше, глубже в земле и потому дороже стали природные ресурсы. Газ из Тюмени совсем не то, что газ из Казахстана. Мы даже опоздали с перестройкой на много лет. Мы должны довести ее до конца, и мы это сделаем, потому что обратного пути нет, возвращаться некуда и незачем. Отчего так много беспорядка? Рухнула старая административно-хозяйственная система, которая многие проблемы решала «кулаком по столу». Рухнула, но не умерла, ожесточенно сопротивляется и делает все, чтобы выжить. Да, впереди у нас немало трудностей, нелегкие времена. Но ведь у нас нет альтернативы. Мы непременно победим, выйдем из этого тупика, в который нас завел «казарменный социализм». Мы обязательно победим, если будем бороться с этими трудностями одним государством, одним Союзом. Поодиночке нам свою беду не одолеть...

Н. МАТУКОВСКИЙ.
(«Известия» 27 февраля 1991 г.)

Вопросы:

1. Как выглядит на практике «разрыв хозяйственных связей»?
2. О чем свидетельствуют вопросы, заданные рабочими Горбачеву?
3. Почему, по словам Горбачева, перестройка была необходима?
4. Как он объяснил то, что в стране много беспорядка?
5. При каком условии, по его мнению, можно «победить»?

---

[1] Помещение «повышенной режимности» - high-security area.

[2] Совмин - Совет Министров, Council of Ministers.

[3] Правительственная связь, communications network used by the government.

[4] Бесхозный - ownerless.

[5] В правовом русле - legally in line with.

[6] Universal Declaration of Human Rights adopted by the United Nations Organisation on 10 December 1948.

[7] Неоднозначное отношение к - mixed reaction to.

[8] Declarations of sovereignty began with Russia on 12 June 1990, quickly followed by Ukraine and other union and autonomous republics; they claimed ownership of republics' natural resources and insisted on primacy of republican laws over those of the Union.

[9] Злокозненный - crafty, perfidious.

[10] Завис - is hanging over

[11] Номенклатура, social group comprising top party and government officials.

[12] д.э.н. - доктор экономических наук, к.и.н. - кандидат исторических наук, д.ф.н. - доктор философских или филологических наук, д.ю.н. - доктор юридических наук, names of higher degrees of Candidate and Doctor in various disciplines.

[13] Одичание - brutalisation.

[14] Высшая инстанция - higher power, higher authority.

[15] Без оного - without any such excuse.

[16] Пороховая бочка - powder keg.

[17] Домоуправление, equivalent of local authority housing office.

[18] Издерганный - harassed, with shattered nerves.

[19] Беспредел, absence of legal or moral restrictions, when "anything goes".

[20] Нерыпающийся - docile, compliant, from рыпаться - to kick and scream.

[21] Меня обхамили на десять рублей - I was conned out of ten roubles.

[22] «Ячейка» - ячейка общества, in sociological jargon, the family.

[23] Согбенный - bowed down, weighed down.

[24] Госзаказ - государственный заказ, system introduced in January 1988, with enterprises having to fulfil state orders, but free to sell any remaining output as they wished.

[25] Reference to the factory's suppliers of components etc.

[26] Неукомплектованный - unfinished, with some components missing.

[27] Отвечал аргументированно - he put up a telling argument.

МАРТ

И ТОГДА ОНИ РЕШИЛИ: БАСТА!

В 2—2,5 раза повысить заработную плату потребовал от правительства Украины Региональный союз стачечных комитетов[1] Донбасса. В случае отказа стачкомы пригрозили остановить шахты.

То малое, чего добились горняки в результате прошлогодних забастовок,[2] к оздоровлению отрасли не привело. Полученные за счет новых цен на уголь доходы пошли на покрытие расходов, связанных с повышением цен на оборудование и материалы. В рабочий карман в виде заработной платы попали крохи. Шахтеры потребовали этот дисбаланс устранить.

И вот 25 февраля премьер-министр В. Фокин, ссылаясь на 15-миллиардный дефицит республиканского бюджета, отверг требования шахтеров. Следующим же днем совещание Регионального союза стачкомов Донбасса приняло решение начать забастовку 1 марта.

Ю. УЗДЕМИР.

НАШ КОММЕНТАРИЙ

Бросается в глаза, что от сугубо политических требований шахтеры перешли к самым что ни на есть экономическим. На первый план выдвигается повышение заработной платы.

Что это, отступление, смена курса или смена лидеров, проводящих курс?

Скорее всего — временное возвращение на исходные рубежи. Как известно, шахтерское движение зашло в тупик. Кризис заключается в том, что верхи оторвались от низов, лидеры — от масс. Члены государственно-общественной комиссии по выполнению требований первой шахтерской стачки пришли к выводу, что нельзя добиться изменений в одной отдельно взятой отрасли, не меняя экономику в целом. Затем стало ясно, что нельзя добиться изменений в экономике в рамках старого государственного устройства. Тогда-то они и политизировали рабочее движение, направив его против правительства, Коммунистической партии, старых профсоюзов.

Однако основная масса шахтеров к этому оказалась не готова, не поддержала их. Напротив, раздражение, вызванное падением уровня жизни, выплеснулось и на стачкомы. Мол, мы вас выбирали не затем, чтобы вы играли в политику, а чтобы отстаивали в первую очередь наши экономические интересы. Срыв политической забастовки, которая должна была вспыхнуть в Кузбассе в ответ на события в Прибалтике,[3] остудил, мне кажется, и головы самих лидеров, заставив менять тактику. Ибо оказалось, что доверие масс надо завоевывать вновь.

А. КАЛИНИН.

(«Комсомольская правда» 1 марта 1991 г.)

Вопросы:

1. Что получили шахтеры в результате забастовок, проходивших в 1989-90 гг.?
2. Когда руководители шахтеров политизировали движение?
3. Почему произошел срыв политической забастовки в ответ на январские события в Прибалтике?

ПРИБАЛТИКА: КОГДА «ДА» ОЗНАЧАЕТ «НЕТ»

ТАЛЛИНН

77,8 процента — это окончательный результат опроса,[4] средняя по республике цифра. Естественно, в сельских районах процент сторонников независимости гораздо выше: в некоторых уездах — 98 процентов. А вот в русских городах, расположенных на северо-востоке, результаты поскромнее. В Нарве, где проживает всего 4 процента эстонцев, на вопрос референдума «Хотите ли вы восстановления государственной самостоятельности и независимости Эстонской республики?» утвердительно ответили 25 процентов жителей. В Кохтла-Ярве — 46.

В опросе участвовало 82,8 процента населения Эстонии.

РИГА

Вчера утром итоги голосования были оглашены на заседании Верховного Совета Латвии. В нем приняли участие 87,6 процента от общего числа жителей республики, включенных в списки для голосования. За демократическую и государственно-независимую Латвию высказались 73,6 процента голосовавших, против — 24,6.

НАШ КОММЕНТАРИЙ

Результаты опроса общественного мнения в Прибалтике, в общем-то, не являются сенсационными. Никто не сомневался в том, что в большинстве своем латыши и эстонцы, так же, как прежде литовцы, отдадут свои голоса за сладкое слово «свобода».

Но главным и принципиальным итогом, на мой взгляд, является то, что к коренному населению Прибалтики, судя по процентным результатам опроса, присоединилось и большинство проживающих здесь людей других национальностей.[5] Этому способствовало, по-видимому, и грубое вмешательство в политическую жизнь региона Вооруженных Сил.[6] Вопрос о том, кто из «русскоязычных»[7] на самом деле является оккупантом, а кто патриотом Прибалтики, под дулами танков и автоматов в значительной мере прояснился.

Л. НИКИТИНСКИЙ.
(«Комсомольская правда» 5 марта 1991 г.)

Вопросы:

1. Какая часть населения Эстонии и Латвии голосовала за независимость?
2. В чем никто не сомневался?
3. Почему большинство людей других национальностей тоже голосовало за независимость?

СКОЛЬКО АРМИЙ В НАШЕЙ СТРАНЕ?

Парад суверенитетов завершается. Теперь, похоже, наступает время военных парадов. На карте страны вместе с суверенными государствами появляются и национальные армии — или их прообразы...

Армения. Первые вооруженные отряды появились здесь три года назад. Отряды росли, укрупнялись, обретали опыт и оружие. В итоге к лету 1990 года театр военных действий Армении оказался поделенным между двумя крупными военными формированиями — Армянской национальной армией (АНА) и боевыми дружинами Армянского общенационального движения (АОД) при вооруженном нейтралитете СА и ВВ.[8] Отдельные группировки, сосредоточенные преимущественно на границе с Азербайджаном, а также в НКАО,[9] сохраняют определенную самостоятельность.

Азербайджан. К январю 1990 года здесь возникли и начали формироваться вооруженные отряды Народного фронта Азербайджана (НФА). 12 января в Баку был создан Комитет национальной обороны. После ввода союзных войск 20 января 1990 года,[10] разгрома военных (а кое-где и невоенных) структур НФА и ареста лидеров комитета тот прекратил свое существование.

Отдельные полупартизанские группы существуют в НКАО и, видимо, сохраняются законсервированными в Нахичевани. В январе — марте 1990 года последние вели ожесточенные бои с армянскими вооруженными формированиями в районе пограничных сел Садарак, Гермечатах и Шада.

Грузия. 20 декабря прошлого года Верховный Совет республики принял Закон «Об образовании внутренних войск — Национальной гвардии Республики Грузия».

Между тем в Грузии уже существует несколько вооруженных формирований, возникших после событий 9 апреля 1989 года в Тбилиси.[11] Наиболее известные среди них — «Тетри Гиорги» и «Мхедриони».

«Тетри Гиорги» (Белый Георгий) — военный орден, поддерживает З. Гамсахурдиа,[12] активно участвует в нынешнем конфликте в Южной Осетии.[13] Летом прошлого года произошла стычка между «Тетри Гиорги» и «Мхедриони», в результате которой в центре Тбилиси велась перестрелка.

«Мхедриони» (Всадники) — оппозиционная З. Гамсахурдиа военизированная организация. В 1989—1990 годах принимала активное участие в погашении конфликтов в Абхазии[14] и Южной Осетии. В нынешнем конфликте явного участия не принимает. Лидер — профессор Джаба Иоселиани, в его армии две тысячи бойцов, еще четыре тысячи могут быть подняты по тревоге.

Спектр национальных вооруженных сил этой республики не исчерпывается собственно грузинскими формированиями. В грузинской колонне могут занять свое место **Абхазия** и **Южная Осетия.**

Вооруженные отряды абхазов возникли в ходе конфликта 1989 года. Тогда же большинство взрослого мужского абхазского населения было структурировано, поделено на военные подразделения и «приписано» к пунктам сбора. В случае (не дай Бог) нового конфликта в течение короткого времени может быть поднята по тревоге небольшая (абхазов всего около 80 тысяч), но крепкая и мобильная армия.

Имеются отряды самообороны (или боевиков), вооруженные стрелковым, в том числе и автоматическим, оружием и в Южной Осетии. Обладают также и ракетными установками. З. Гамсахурдиа обвиняет центр в поддержке «осетинских сепаратистов», а внутренние войска МВД СССР — в снабжении их оружием. В составе осетинских отрядов сражаются и добровольцы из Северной Осетии,[15] жители которой помогают южанам не только людьми, но и оружием и деньгами.

Молдова, которая начала формировать ее в начале ноября прошлого года. В первый батальон «Тирас-Тигина» подбирались волонтеры, зарекомендовавшие себя с самой удачной стороны во время октябрьского похода на отделившуюся от Молдовы Гагаузию.[16]

На территории Молдовы имеются два официально не признанных, но провозглашенных суверенными образования — **Приднестровье**[17] и **Гагаузия**. И соответственно два военизированных формирования.

Рабочие дружины в Приднестровье начали создаваться сразу после провозглашения здесь республики. Структура и численность их не афишируются, однако известно следующее: руководит действиями этих отрядов Объединенный совет трудовых коллективов,[18] при необходимости «под ружье» может быть поставлено несколько тысяч человек. Во время известных событий на юге республики на помощь гагаузам была отправлена колонна добровольцев численностью около 800 человек — в основном из Тирасполя и Рыбницы. Рабочие дружины из Тирасполя форсированным маршем перебрасывались также в район Дубоссар сразу после кровавых столкновений с молдавской милицией в окрестностях этого городка, где погибли трое и ранены 14 жителей.[19]

Гагаузские отряды самообороны создавались стихийно в канун введения здесь чрезвычайного положения в конце октября прошлого года. О какой-либо четкой структуре и организации ничего не известно. Гагаузское руководство в принципе выступает за парламентское решение вопроса.

(«Комсомольская правда» 12 марта 1991 г.)

Вопросы:

1. Какие группировки находятся в Армении?
2. Что произошло в Азербайджане в январе 1990-го года?
3. В каких конфликтах участвовали различные «армии» в Грузии?
4. Какие у них вооружения?
5. Что имеется в Приднестровье?

60 АЭС ЗАКРЫЛИ. ЧТО ДАЛЬШЕ?

Прежде чем ответить на такой вопрос, немного истории. Еще несколько лет назад в советских органах массовой информации поддерживался образ атомной энергетики как вполне безопасной, высокоэкономичной и весьма престижной технологии. Ситуация резко изменилась в 1986 году после чернобыльской катастрофы.[20] Уже в ранних сообщениях с места события проскальзывала мысль: атомная энергетика не оправдала вложенных в нее средств и связанных с ней надежд, а специалисты-атомщики скрывают от общественности прежние аварии на АЭС.[21]

Особого размаха антиядерное движение в стране достигло в связи с политической кампанией по выбору народных депутатов СССР.[22] В предвыборных программах многих кандидатов в депутаты принимались обязательства прекратить эксплуатацию или строительство атомных станций на территории избирательных округов. Ни один из кандидатов не рискнул выступить в пользу атомной энергетики.

Каковы результаты антиядерного движения СССР за четыре года его существования? За этот период приостановлены, законсервированы либо перепрофилированы на неядерные объекты Ростовская, Крымская, Татарская и Башкирская АЭС, Горьковская и Воронежская АСТ (атомные станции теплоснабжения), новые ядерные энергоблоки на Смоленской, Хмельницкой и других АЭС. В общей сложности прекращено строительство и проектирование около 60 атомных станций.

Разумеется, решения по этим вопросам принимались не на митингах и демонстрациях. Тем не менее не только местные органы власти, но и центральные ведомства постоянно ощущают давление противников атомной энергетики.

Правда, в последнее время в отношении широких кругов общественности к строительству АЭС наметился если не перелом, то во всяком случае — сдвиг. Пустые прилавки магазинов убедили население, что АЭС нужны экономике страны. Учитывая грозящий дефицит в обеспечении электроэнергией, в ряде регионов местные власти вынуждены были принять решение о строительстве новых ядерных энергоблоков. Будет возобновлено строительство Южно-Уральской АЭС (вблизи Челябинска) и Костромской АЭС. Предполагается расширение Кольской, Курской и Нововоронежской АЭС.

Показательна трансформация взглядов литовских лидеров по отношению к Игналинской АЭС — единственной на территории республики. Будучи в оппозиции к коммунистическому правительству Литвы, «Саюдис»[23] и его лидеры требовали закрытия этой станции и преуспели — строительство 3-го энергоблока было прекращено. Однако, добившись власти, они изменили точку зрения, поняли, что противостоять центру без Игналинской АЭС — значит ввергнуть Литву в энергетический голод. Именно поэтому довольно скоро были сняты все претензии к уровню безопасности действующих блоков. Более того, изучается вопрос о продолжении строительства законсервированного третьего блока.

Мне кажется, что сегодня можно констатировать, что в условиях перехода к рыночной экономике и повышения экономической самостоятельности территориальных образований следует ожидать дальнейшего поворота общественности к атомной энергетике. Разумеется, если на АЭС не будет значительных аварий.

Ю. РОГОЖИН.
(«Известия» 23 марта 1991 г.)

Ворпосы:

1. Каким был образ атомной энергетики до 1986-го года?
2. Что произошло после чернобыльской аварии?
3. Как изменилось отношение к ней в связи с пустыми прилавками магазинов?
4. Как менялись взгляды на Игналинскую АЭС?
5. Каковы дальнейшие перспективы развития атомной энергетики?

В Советском Союзе, оказывается, есть компьютерная сеть. Очень большая

Как было объявлено 19 марта на специальной презентации в Министерстве связи, в СССР уже более шести лет существует разветвленная компьютерная сеть, остававшаяся до последнего времени секретной.

Сеть, имеющая кодовое название «ИСТОК», по заявлению организаторов презентации, охватывает всю территорию страны и обладает высокой степенью надежности и точности передачи информации.

На презентации было объявлено, что теперь «ИСТОК», а точнее специальная система «ИСТОК-К», созданная на его базе, будет предложена к услугам фирм и граждан.

Ъ:[24] Сеть «ИСТОК» создана в 1984 г. Обслуживает оборонный комплекс СССР, а также центральные административные и экономические структуры. Сеть охватывает всю территорию СССР и использует все виды связи. Имеет 2500 абонентов. Технические возможности сети «ИСТОК» позволяют обеспечить высокую прочность и надежность передачи информации. Эксплуатацию сети до настоящего времени осуществляло Министерство связи СССР.

Как сообщил корреспонденту «Ъ» генеральный конструктор сети «ИСТОК-К» Евгений Давыдов, основные виды услуг, которые оказывает сеть, это электронная почта (возможность принятия сообщений на экране дисплея), предоставление связи замкнутой группе пользователей, удаленная передача больших массивов информации, обмен информацией в режиме диалога, размножение сообщений (рассылка нескольким адресатам одного и того же текста одновременно), связь нескольких компьютерных сетей воедино.

Как специально подчеркнул Давыдов, «ИСТОК-К» обладает высоким коэффициентом надежности и высокой достоверностью при передаче информации, а также обеспечивает ее конфиденциальность.

По предварительным оценкам специалистов, «ИСТОК-К» способен в значительной степени облегчить серьезнейшие проблемы связи, которые в настоящее время испытывают советские деловые круги.

Для взаимодействия с зарубежными информационными сетями подписан договор о намерениях с французской фирмой France-Telecom. Сотрудничество планируется начать в 1992 году.

ДМИТРИЙ СКЛАДЧИКОВ.
(«Коммерсантъ» № 12, 1991 г.)

Вопросы:

1. Сколько лет существовала компьютерная сеть «ИСТОК»?
2. Кого она обслуживала?
3. Какие виды услуг сможет предоставлять новая коммерческая сеть «ИСТОК-К»?
4. Какую возможность получают теперь советские деловые круги?
5. Как будет обеспечено взаимодействие с зарубежными компьютерными сетями?

ШАХТЕРСКИЕ ЗАБАСТОВКИ:
УГЛЯ НЕ БУДЕТ, ПОКА БУДЕТ ГОРБАЧЕВ?

По данным Донецкого стачкома,[25] на прошлой неделе в различных регионах страны бастовало более 150 шахт. За последнюю неделю география забастовки заметно расширилась. Сейчас остановлена работа не только на шахтах и шахтостроительных управлениях Воркуты, Донбасса, Кузбасса, Львовской и Ростовской областей, но и в Подмосковном угольном бассейне, на шахтах Пермской области, Красноярского края, Сахалина.

За прошедшую неделю забастовка также заметно политизировалась. 17 марта на совещании бастующих предприятий Донбасса было решено поддержать требование бастующих шахтеров Кузбасса об отставке руководства Союза. 18 марта в Москве создан Межрегиональный совет стачкомов. В обращении к трудящимся страны, принятом 18 марта, Межрегиональный совет потребовал немедленной отставки союзных властей, а также заключения с шахтерами нового тарифного соглашения.

В последнее время российское руководство явно стремится наладить с бастующими шахтерами хорошие отношения, а также принимает ряд мер для того, чтобы добиться передачи этой важнейшей энергетической отрасли из общесоюзного в российское подчинение. 21 марта российский парламент потребовал от правительства Валентина Павлова[26] немедленно начать переговоры с забастовщиками. 20 марта для переговоров об этом с шахтерами в Кузбасс отправился российский премьер Иван Силаев.[27]

Одновременно активную помощь шахтерам оказывает движение «Демократическая Россия» (ДР)[28], очевидно рассчитывая заручиться помощью забастовщиков в своей борьбе с союзным руководством. Активисты ДР собирают средства в фонд забастовки и устраивают в Москве пикеты в поддержку шахтерских требований. Около двух недель в гостинице «Россия» продолжается совместная голодовка семи представителей рабочего комитета Кузбасса и активистки «Демократической России» народного депутата РСФСР Бэллы Денисенко в поддержку политических требований шахтеров. С 20 марта к голодовке присоединились народные депутаты СССР Тельман Гдлян и Николай Иванов.

Союзный парламент в отличие от российского настроен по отношению к шахтерам отнюдь не так благожелательно. После безуспешных попыток приостановить забастовку, выполняя по мере возможности экономические требования шахтеров, ВС[29] СССР перешел к относительно жестким мерам и 21 марта принял постановление, в котором выступил против экономического давления на власти Союза.

Народный депутат Виктор Кучеренко заявил, что в результате забастовки добыча угля сократилась на 20%.

Ответственный работник Минуглепрома[30] СССР подтвердил корреспонденту «Ъ», что бастующие предприятия в состоянии парализовать отрасль. По его мнению, остановка металлургических заводов вызовет волнообразные кризисные явления, и в разгар уборочных работ, например, сельское хозяйство недосчитается сельхозоборудования.[31] «А если бы в магазинах были пиво и колбаса, экстремисты не вывели бы людей на митинги», — меланхолично резюмировал он.

Эксперты полагают, что полное поражение, как и полная победа забастовки, крайне невероятно.

Наиболее вероятным исходом, по оценкам экспертов, представляется переход бастующих шахт под юрисдикцию республик. В этом случае Россия получит явный, однако кратковременный политический выигрыш. Вслед за центром виноватыми в тяжелейшем положении шахтеров с большой долей вероятности окажутся уже «свои» власти.

В любом случае, по мнению большинства экспертов, всерьез ожидать падения правительства в результате весенней волны шахтерских стачек не следует. Единственной, впрочем маловероятной, альтернативой этому прогнозу можно считать ту незначительную возможность, что под влиянием решения о повышении цен и замораживании вкладов[32] шахтерская забастовка разрастется и захватит иные отрасли, примет массовый характер.

СЕРГЕЙ КАФАНОВ.
(«Коммерсантъ» № 12, 1991 г.)

Вопросы:

1. Какова география забастовки шахтеров?
2. Чего они требуют?
3. Какая организация координирует их действия?
4. Какие политические цели преследует российское руководство?
5. Чем заняты активисты движения «Демократическая Россия»?
6. Как настроен по отношению к шахтерам союзный парламент?
7. Что думают о забастовке в Министерстве угольной промышленности?
8. Какой исход забастовки эксперты считают наиболее вероятным?

---

[1] Стачечный комитет - strike committee; set up in the summer of 1989 to organise the first nationwide miners' strikes, they were retained to ensure that the government honoured the resulting deal; subsequently they formed the basis of independent miners' unions.

[2] Reference to miners' strikes in 1990, after which the government agreed to improve working and living conditions, and to give local organisations more say in the running of their pits.

[3] Reference to attempts to organise strikes in protest against the Soviet troops killing 13 people on 13 January in Vilnius and 4 on 20 January in Riga.

[4] Plebiscites on independence were held in all of the 3 Baltic republics as an alternative to the Union referendum of 17 March; that held in Lithuania on 9 February returned 90.47 per cent for independence, more than half the non-Lithuanian population voting in favour.

[5] The population of Estonia is 65% Estonian, 28% Russian; of Latvia - 54% Latvian, 33% Russian; of Lithuania - 80% Lithuanian, 8% Russian, 7% Polish.

[6] See note 3 above.

[7] «Русскоязычные» - Russian-speaking people, term used in the Baltic republics to refer ro Russians as well as other nationalities, e.g. Ukrainians, Byelorussians etc.

[8] СА - Советская Армия; ВВ - Внутренние Войска, Interior Ministry forces, recruited from the army and given specialist training; set up specifically to deal with ethnic unrest.

[9] НКАО - Нагорно-Карабахская автономная область, Armenian enclave in Azerbaijan; dispute over the territory came to a head in 1988 and subsequently degenerated into armed conflict.

[10] Soviet troops moved out of their barracks to put down disturbances directed against the government, killing 83 civilians (Azeri nationalists put the figure at over 200).

[11] A peaceful pro-independence demonstration was broken up by Interior Ministry troops using sharpened spades and gas; 20 people died as a result.

[12] Zviad Gamsakhurdia (b. 1939) human rights campaigner, leader of Georgian independence movement, from November 1990 president of Georgia.

[13] South Ossetia, autonomous region in Soviet Georgia; when it made a bid for virtual independence from Georgia, the Georgian parliament abolished its autonomy and armed conflict ensued.

[14] Abkhazia, autonomous republic in Georgia; its campaign for self-determination in the face of increased Georgian nationalism led to a number of riots, the worst of them, in July 1989, leaving 22 people dead.

[15] North Ossetia, autonomous republic within the RSFSR.

[16] The Gagauz, a minority nationality within Moldavia (Moldova), declared its autonomy in August 1989; Moldavian authorities attempted to keep the "separatists" in check by banning their organisations and elected representative bodies and declaring a state of emergency.

[17] Trans-Dnestrian region on the western bank of the river Dnestr, with just over half of its population Russian or Ukrainian; declared its sovereignty in August 1990.

[18] United Council of Workers' Collectives, set up during the strike campaign in autumn of 1989, when Russians protested against a law making it compulsory for everyone to be able to speak Moldavian (Romanian).

[19] The clashes in Dubossary took place on 2 November 1990 when Moldavian Interior Ministry forces tried to clear road-blocks set up by the Trans-Dnestrians in an attempt to cut off Moldavia's road links with the rest of the country.

[20] On 26 April 1986 there was an explosion in a reactor at Chernobyl nuclear power station followed by extensive radioactive contamination of large areas in Ukraine and Byelorussia.

[21] АЭС - атомная электростанция.

[22] Elections to the Congress of People's Deputies took place in March 1989; for the first time voters could choose from more than one candidate.

[23] "Sajudis", Lithuanian independence movement, equivalent to Popular Fronts in other republics.

[24] Ъ, abbreviation of the newspaper title «Коммерсантъ», which chose to use the pre-Soviet spelling with the 'hard sign' as its distinctive feature; it is a publication of an umbrella organisation for co-operatives and other business interests.

[25] Стачком - стачечный комитет, strike committee. See also note 1 above.

[26] Valentin Pavlov (b. 1937) prime minister, head of the Union government, appointed in January 1991.

[27] Ivan Silaev (b. 1930) prime minister of RSFSR. The republic's government tried to gain ascendancy over that of the Union, especially after Russia's declaration of sovereignty in June 1990.

[28] «Демократическая Россия», loosely structured coalition of political forces calling for radical economic and political reform.

[29] ВС - Верховный Совет, Supreme Soviet, parliament.

[30] Минуглепром - Министерство угольной промышленности.

[31] Недосчитается сельхозоборудования - will be short of agricultural machinery.

[32] Prior to price increases, scheduled for 2 April 1991, a currency reform was instituted in January: 50 and 100 rouble notes were called in and withdrawals from savings banks were limited, on a temporary basis, to R500.

АПРЕЛЬ

ТАКИЕ РАЗНЫЕ АПРЕЛИ...

Горбачев сменяет Горбачева

Мы вступаем в седьмой и, похоже, последний апрель перестройки. В последнее время Горбачев особо подчеркивает свою неизменную приверженность курсу на обновление советского общества. И хотя делает это эмоциональнее обычного, его заверения уже не находят отклика у большинства сограждан. У них успел выработаться некий синдром равнодушия ко всему, связанному с ним, и это, вероятно, один из самых трагических итогов внутриполитической карьеры Горбачева. Начав путь, как подлинно национальный герой, своего рода надежда народа, защитник униженных и обездоленных, он, похоже, завершит его, не рассчитывая на сочувствие даже со стороны ближайших соратников. Сегодня Президент — объект острой критики и справа, и слева.

В чем причина столь стремительного падения президентского рейтинга? Вероятно, она не одна, но изначальная, думаю, все же в противоречивости его личной политической позиции. «С кем вы, Михаил Горбачев?» — плакаты с таким вопросом в течение ряда лет были неизменным атрибутом митингов самой разной ориентации — от ортодоксальных коммунистов до крайних радикалов. Надо сказать, Президент не без виртуозности уклонялся от прямого ответа. С неподдельным возмущением всякий раз заявлял, что у нас-де нет противников перестройки, вся страна едина в стремлении построить правовое демократическое государство.[1] Многие удовлетворялись подобным аргументом, однако таковых становилось тем меньше, чем очевиднее факт: Горбачев не только не идет на прямой конфликт с тоталитарными структурами, но более того — делает все возможное, дабы приспособить их к внешним атрибутам демократии, сохранить КПСС как политический инструмент государственной власти.

«Он рад бы, да не дают, мешают...» — некоторое время назад оценка внутриполитических зигзагов Горбачева исходила из этой незатейливой логики. Однако с середины прошлого года в обществе стали нарастать сомнения: а борется ли Горбачев с консерваторами? Все острее ощущалось обратное, ибо главной мишенью высочайшей критики все чаще и чаще становились стоящие слева от Президента.

Ныне в руках Горбачева сосредоточена огромная власть. У многих это вызывает вполне понятное беспокойство. Не происходит ли сползание страны к очередному авторитарному режиму, тщательно оберегаемому законом и партийно-государственной пропагандой?

Обвинения типа: «Горбачев рвется к власти» он неизменно парирует контраргументом: в 1985 году у Генерального секретаря было столько власти, сколько он желал! Эффектно, но не истинно.

Генеральный секретарь действительно сосредоточивал в своих руках почти диктаторскую власть. Но нельзя забывать о том, что диктатура держится вовсе не на диктаторах, а на той политической структуре, что приподнимает их над всеми и провозглашает: «Повелевай!» . Вероятно, в 1985 году Горбачев понял эту незатейливую истину нашей тоталитарной системы. До тех пор, пока все в стране определяется партаппаратом, безграничная власть Генсека — не более, чем иллюзия. Реальность — диктатура партийных столоначальников,[2] средних и вовсе невеликих. От их благосклонности зависело многое, в том числе и карьера «самого».[3]

Перестройка Горбачева преследовала вполне определенную цель — уравновесить партийную и государственную власть и тем самым создать для себя вторую точку политической опоры. Демократизация была необходима лишь в той мере, в какой она способствовала решению этой задачи. И не более того.

Все эти годы мы идеализировали демократизм своего лидера. Причем делали это без какого-либо принуждения свыше. Видимо, слишком тягостна была прежняя политическая жизнь, слишком убогим было прежнее руководство.

И все же недоумение, вызванное противоречием «слова и дела государева»,[4] постепенно перерастало в глухой протест, а затем и в массовое раздражение. Оно усиливалось экономическим развалом, проистекающим из того же — желания центра все изменить, ничего по существу не меняя.

Если вспомнить первую весну перестройки, весну 1985 года, и сравнить с нынешней — все словно в кривом зеркале. Достоинства обернулись недостатками, победы поражениями. Герои стали антигероями. Тираны обрели черты защитников народа. Вчерашняя диктатура, за год-два оправившись от непривычного ей испуга, вступила на «тропу войны» и действует на ней столь успешно, что граждане, далекие от политики (а таких большинство), ныне в полном смятении: «Кому верить? Новые-то, оказывается, не лучше прежних!» Да и какие они были, прежние? Теперь уж не многие вспомнят.

Очевидный факт — сегодня в массовом сознании демократическая идея выглядит куда менее привлекательно, нежели год или два назад. Политические баталии, развернувшиеся на фоне массового обнищания населения, рождали лишь раздражение: «Они за власть борются, а мы ноги протянем!»[5] Нельзя сказать, что все утраченное демократами в итоге пошло в актив прежних партийных структур. Социологические опросы говорят как раз об обратном — привлекательность КПСС, ее политических лозунгов, наконец, ее лидеров продолжает снижаться. И все же подтверждаются опасения: демократия, если она не кормит, обречена!

П. ВОЩАНОВ.
(«Комсомольская правда», 4 апреля 1991 г.)

Вопросы:

1. Как изменилось отношение к Горбачеву?
2. Почему аргумент Горбачева, что в стране нет противников перестройки, многих перестал удовлетворять?
3. Какие сомнения стали нарастать в обществе?
4. Зачем, по мнению автора, Горбачеву была необходима демократизация?
5. Как относятся к политической борьбе демократов и консерваторов люди, далекие от политики?
6. Почему демократическая идея в массовом сознании выглядит менее привлекательной?

СЛИВКИ ОБЩЕСТВА

Итак, у вас родилась дочь (сын).

До полутора лет можете беззаботно наслаждаться жизнью. Все ваши расходы — это пластинка с хорошей музыкой, развивающие игры. На этом беззатратная педагогика заканчивается.

Как только встает вопрос о яслях, первая нормальная реакция всякой мамы: только не это! Энергия пойдет не на развитие способностей, а на борьбу с бесконечными простудами. Значит, чтобы мама могла выйти на работу, нужна няня. 15 рублей в день. То есть, 300 в месяц. То есть 3600 в год.

С трех лет бизнесмены от педагогики предложат вам широкий ассортимент развивающих занятий. Музыка — пять рублей в час. Два раза в неделю. Итого — 40 рублей в месяц. 480 в год. Танцы — три рубля в час. Два раза в неделю. Итого — 24 в месяц, 280 в год. Изобразительное искусство — 280 в год. Развитие логических способностей — 280 в год. Прибавьте еще 50 рублей в квартал (200 в год) за бассейн. И, пожалуй, хватит. А то совсем дитя замучите.

Растем дальше. Пора всерьез заняться языком. Хотите получить приличное качество? Нужен репетитор.[6] Занятие в маленькой группе будет стоить 5 рублей в час. Индивидуальное — 15. В месяц соответственно — 120. В год — около 1000 (за вычетом каникул).

Не помешало бы взять репетиторов еще по двум-трем предметам. Это от семи до десяти рублей в час, 80 в месяц, 960 в год.

Если ребенок захочет заниматься еще и теннисом, один урок — десять рублей.

Наверное, не ошибусь, предположив, что у большинства читателей от всей этой арифметики уже начался нервный смех.

Поймите правильно: если я кого и агитирую за рыночную педагогику, так скорее себя. Мое собственное становление тоже проходило в эпоху бесплатных (или дешевых!) знаний. И убедить себя теперь, что гораздо полезней истратить деньги на образование, нежели копить их на приобретение «Жигулей»,[7] мне пока еще сложно.

Самое время поговорить о животрепещущем: о социальной справедливости. О равенстве и неравенстве. Об избранных и о «массе».

Ратовать за дополнительные вложения в педагогику я не собираюсь. И без того ясно, что она у нас в крайней степени истощенная. И помогать ей сейчас обязательно нужно. Но как бы ни старались подкармливать мы систему образования, нет у нас сегодня средств на кардинальное их улучшение.

А раз так, есть только два варианта развития событий. Первый: раздать всем сестрам по серьгам.[8] То есть обучать всех одинаково посредственно (если не сказать — плохо). Что мы сегодня и делаем. Второй: предоставить возможность получения высококлассного образования немногим. В связи с чем остальным, вероятно, достанется еще меньше, чем сегодня.

В первом случае мы будем и дальше катиться в экономическую дыру, какую бы щедрую помощь ни оказывали нам богатые соседи. Во втором — подготовленный соответствующим образом «мозговой центр», как локомотив, потащит за собой «тело» всего общества.

Но в первом случае будет торжествовать социальная справедливость. Во втором же — ничего не поделаешь — мы своими руками создадим интеллектуальное неравенство. Элиту. Сливки общества.

Так на каком варианте остановимся?

Если наберемся духу и выберем второй (мы же все — против упадка и за процветание!), останется определиться[9] только с самой малостью: кто же станет этой самой интеллектуальной элитой?

К сожалению, современная наука не способна безошибочно различать: где наши природные задатки, а где — приобретенные знания и умения.

Рос малыш в семье, которая ему и интересные поездки, и доступ к компьютерам, и домашних учителей обеспечивала, — вот и получился он по тестам одаренным. Не видел никого, кроме измотанной матери и пьяного отца, — так вроде и глупее оказался.

Ох, как непросто это!

Но как же быть с теми, кто в число отобранных дарований не попал, а учиться хочет? Извините, платить! Но не взятку чиновнику, который устроит диплом, а учителю — за знания. В петербургских гимназиях, кстати, такой принцип и действовал. Учишься на все 12 (максимальное количество баллов, набираемых на экзаменах) — попечительский совет[10] выделяет средства на твое обучение. (А уж способностями ты их заработал или усидчивостью — не важно.) Не тянешь на «отлично» — вноси за свое образование деньги сам.

А что, может быть, это и есть социальная справедливость на современном этапе? Ведь если человек затратил труд и собрал энную[11] сумму денег, почему он не может купить на нее то, что хочет? Кто-то выбирает предметы роскоши, а кто-то — образование своему ребенку.

Ирина ПОТЕХИНА. Ленинград.
(«Комсомольская правда» 6 апреля 1991 г.)

Вопросы:

1. Какие занятия, развивающие способности ребенка, перечисляет автор?
2. В чем она пытается убедить себя?
3. Почему она не ратует за дополнительные капиталовложения в систему образования?
4. Какие два варианта развития событий она видит?
5. Как отразится на результатах тестов то, в какой семье рос малыш?
6. Какой исторический опыт автор вспоминает?

ЕЩЕ ОДИН ШАНС?

«Заявление десяти»: центр и республики делают шаг навстречу друг другу.

Хочется постучать по дереву:[12] кажется, вторично за последний год в нашей стране возникает реальная предпосылка для выхода из конфронтации между центром и республиками.

Первый шанс мы упустили в августе—сентябре прошлого года, когда наметился союз М. Горбачева и Б. Ельцина вокруг программы

«500 дней».[13] По большому счету[14] это была возможность, вне зависимости от личных отношений двух лидеров, начать процесс объединения большинства республик, процесс строительства нового Союза на базе общей экономической программы. Нет смысла сейчас анализировать причины, по которым мы не воспользовались этим шансом. Прошлого не вернешь. Да и ситуация в стране качественно изменилась в худшую сторону. Сегодня одних экономических мер уже мало, нужен призыв и в политической области. И похоже, он наметился.

Сегодня опубликовано совместное заявление Президента СССР М. Горбачева и руководителей девяти республик: России, Украины, Белоруссии, Узбекистана, Казахстана, Азербайджана, Таджикистана, Кыргызстана и Туркменистана. В его политической части содержится целый ряд важнейших констатаций.

Впервые на высшем уровне официально, без всяких двусмысленностей и экивоков[15] заявлено о безусловном праве Латвии, Литвы, Эстонии, Молдовы, Грузии и Армении самостоятельно решать вопрос о членстве в Союзе ССР. Единственным стимулом для вхождения в СССР провозглашены преимущества, предоставляемые республикам единым экономическим пространством СССР.

Прямо заявлено, что после подписания нового Союзного договора и принятия (не позднее, чем через полгода) на его основе Конституции СССР существующие ныне органы власти Союза (Съезд народных депутатов СССР и Верховный Совет) подлежат роспуску и будут назначены новые выборы. Поскольку Президент СССР тоже избран Съездом, то таким образом подтверждается и возможность уже в нынешнем году новых президентских выборов.

Наконец, впервые под столь принципиальными политическими констатациями стоят подписи и М. Горбачева, и Б. Ельцина. Что само по себе уже достаточно символично.

Под напором надвигающегося экономического краха центр решил «поступиться принципами».[16] Впрочем, следует иметь в виду, что центр — это не только М. Горбачев. В ближайшее время можно с уверенностью прогнозировать мощную атаку со стороны правоконсервативных сил. Съезд депутатов всех уровней «Союз»[17] уже заявил о своем принципиальном неприятии нового Союзного договора. Аналогичную позицию занимают многие структуры на платформе КПСС. В общем, схема, использованная при блокировании программы «500 дней», в архив еще не сдана, и раньше времени предаваться восторгам не стоит.

И. СИЧКА.
(«Комсомольская правда» 25 апреля 1991 г.)

Вопросы:
1. На какой базе намечалось объединение республик в программе «500 дней»?
2. Почему автор не анализирует причины того, что этим шансом не воспользовались?
3. Что говорится в заявлении о шести республиках, не присоединившихся к нему?
4. Какие изменения намечаются в органах власти Союза?
5. Что автор прогнозирует со стороны правоконсервативных сил?

О «ЗАЯВЛЕНИИ ДЕСЯТИ»

Редкий в крутое наше время случай тотального консенсуса: Совместное заявление о безотлагательных мерах по стабилизации обстановки в стране и преодолению кризиса, подписанное Президентом СССР и руководителями девяти республик, с восторгом встречено справа, слева, сверху, снизу и еще откуда-то. Стало быть, можем, если захотим... Но раньше чем лобызаться[18] без различия пола и возраста, давайте все же выясним, на какой почве произошло сердечное согласие.

Каковы уступки сторон?

В Заявлении союзные республики названы суверенными государствами, тогда как прежде центр ехидничал по поводу парада суверенитетов. Далее обещано «кардинальное повышение роли союзных республик». Всего лишь роли? А в каком спектакле? Кто сочинит пьесу? Не получится ли, что республики будут только играть роли суверенных государств?

Весомее другая уступка центра: подписать Союзный договор, шесть месяцев спустя принять новую Конституцию Союза и после этого провести выборы союзных органов власти. Но, оказывается, договор суверенных государств будет заключен «с учетом итогов проведенного союзного референдума».[19] А что это был за референдум и как толкуют его итоги в центре, мы с вами превосходно знаем: советский народ, конечно, высказался за сохранение единого государства и никому не позволено игнорировать его волю. Даже если предположить, что высшие руководители девяти республик подпишут договор такого свойства, то одобрят ли его парламенты суверенных государств? Украины, например? Одно из двух: либо в процессе подписания одна за другой республики станут отпадать от девятки, либо проект будет до окончания века уточняться и согласовываться.

Но, допустим, этот барьер каким-то чудом преодолен. Тогда на очереди — Конституция Союза. Принять ее должен Съезд народных депутатов СССР. Агрессивно-послушный, он и раньше-то блокировал назревшие перемены, а теперь обязан будет проголосовать за решение, означающее его досрочный самороспуск. Не верю! Депутаты будут вносить поправки, пока не помрут от старости.

Участники встречи подтвердили обязательства союзных органов и республик в отношении бюджетов и внебюджетных фондов. Союзные органы не несут какой-либо ответственности за казну республик, так что речь может идти лишь об ответственности республик перед центром. Ситуация действительно тревожная: в первом квартале вместо 55 миллиардов рублей в союзный бюджет поступил только 21 миллиард, а во внебюджетный стабилизационный фонд удалось собрать чисто символическую сумму. Немногим лучше обстоят дела с поступлением доходов в республиках. Это, разумеется, финансовая катастрофа. Что ж, раз нет доходов, сокращай расходы. Но, как видим, сокращаться теперь обязаны республики, а союзной казне, что положено, отдай и не греши.

А теперь немножко посчитаем. Более половины намеченных доходов союзного бюджета предназначено для финансирования обороны. Ежемесячные расходы по этой статье составляют без малого 11 миллиардов рублей, тогда как все поступления в союзный бюджет не превышают пока семи миллиардов в среднем за месяц. Кабинет В. Павлова[20] нашел решение, оригинальное до слез: на апрель—декабрь обороне добавили еще 25 миллиардов для компенсации удорожания военных заказов после недавнего повышения цен.[21]

Из какой, спрашивается, тумбочки правительство берет деньги, когда казна пуста? Это совсем просто: печатный станок-то у него в руках. Оборона финансируется за счет общего снижения покупательной силы рубля.

Финансовое соглашение десяти руководителей на практике означает только одно: народы девяти республик не должны больше уклоняться от уплаты растущей военной подати. Не новость, конечно, однако появилась новая тонкость: всю дань обязаны выплатить теперь девять республик, а не пятнадцать, как прежде. Невольно позавидуешь республикам-беглянкам. Правда, вслед им государственные мужи погрозили: коли так, не будет вам режима наибольшего благоприятствования в рамках единого экономического пространства. Вот уж напугали так напугали. Прелести режимной зоны им слишком известны.

Следом в Заявлении сказано: «Должно обеспечиваться дальнейшее усиление и развитие хозяйственных связей между предприятиями, регионами и республиками, повышена ответственность за это Кабинета министров СССР и правительств союзных республик». Когда рубль стал пустой бумажкой, мало охотников продавать товар за деньги, и Президент Союза начал в одиночку издавать указ за указом о сохранении связей, грозил карами ослушникам. Манифесты эти никто не исполнял, да, похоже, и не читал. Теперь ответственность за межреспубликанские поставки взвалили на себя руководители республик. Они одолжили Горбачеву свой авторитет на явно безнадежную затею: восстановить приказные связи.

Антикризисную программу, объявленную союзным правительством, крупнейшие экономисты страны забраковали вчистую. А вот руководители девяти республик принимают ее вместе с силовыми способами исполнения. Прежде всего «участники встречи высказались за введение особого режима работы в базовых отраслях промышленности, на предприятиях, выпускающих товары народного потребления, на железнодорожном транспорте». Это означает самое малое запрет забастовок.

В качестве первой пробы нового курса шахтерам предложено прекратить забастовки, приложить усилия и наверстать упущенное. Забастовщики боролись за общее благо, за будущее страны. Отставки союзных властей они требовали только потому, что нынешний центр озабочен единственно сохранением подновленной бюрократической системы, неведомых народу социалистических ценностей.

Уместно заметить, что «так называемые» демократы в большинстве своем с великолепным равнодушием отнеслись к всплеску рабочей активности. У них свои заботы: организовать «круглый стол» с командой Горбачева и выклянчить какие-нибудь министерские портфели.

Василий СЕЛЮНИН.
(«Комсомольская правда» 30 апреля 1991 г.)

Вопросы:

1. Почему автор считает «кардинальное повышение роли союзных республик» недостаточным?
2. Что может произойти, даже если руководители республик подпишут договор?
3. Какой барьер может создать Съезд народных депутатов?
4. Что обязаны делать республики в отношении бюджетов?
5. Какую меру в области экономики автор считает безнадежной?
6. Почему он огорчен запретом забастовок?
7. За что он критикует демократов?

---

1 Правовое государство - social order based on the rule of law.

2 Партийные столоначальники - Party bosses.

3 Сам - the top man, chief.

4 Слово и дело государево - the Sovereign's words and deeds.

5 Мы ноги протянем - we'll kick the bucket.

6 Репетитор - private tutor.

7 «Жигули» - make of car, marketed in the West as Lada.

8 Всем сестрам по серьгам - so that everyone gets something.

9 Определиться - to define one's position.

10 Попечительский совет - council of school governors.

11 Энный - indefinite, unspecified.

12 Постучать по дереву - to touch wood.

13 "Five Hundred Days Programme", a programme for a rapid transition to a market economy elaborated in the summer of 1990 by a team of economists headed by Stanislav Shatalin, initially favoured by Gorbachev but later abandoned under pressure from conservatives.

14 По большому счету - to be quite exact.

15 Без всяких экивоков - without any ifs or buts.

16 «Поступиться принципами» - surrender one's principles, from the title of the 1988 article by Nina Andreeva in which she attacked the Gorbachev reforms for undermining principles of socialism and denigrating Soviet history.

17 «Союз» - conservative group constituted in the autumn of 1990; besides supporting the old-style USSR, it campaigned against radical reform and was instrumental in the removal of a number of Gorbachev's reformist allies from positions of power.

18 Лобызаться - hug and kiss.

19 Reference to the 76.4% vote for a renewed, democratic Union in the referendum of 17 March 1991.

20 The Pavlov Cabinet, Union government, from January 1991 headed by Prime Minister Valentin Pavlov.

21 Reference to price increases introduced at the beginning of April 1991.

МАЙ

Алексей Герман:[1]
ПОЧЕМУ Я НЕ СНИМАЮ КИНО ПОСЛЕ 1985 ГОДА

Кажется, что свобода творчества и рынок не принесли успокоения в души тех мастеров культуры, которые в годы застоя боролись с официальным искусством и отстаивали свободу самовыражения. Выйдя на просторы «гласности», лучшие из них, гонимые и непризнанные в прошлом, резко остановились и замерли в раздумьях: как остаться сегодня самим собой и удержаться на Олимпе подлинного искусства — в хаосе, нестабильности и неясности?..

— Алексей, вы не снимаете после 1985 года. Что случилось?

— Это вполне типичная и такая странная для наших режиссеров история. Парадоксальная связь свободы и искусства. Смотрите: Элем Климов, Ролан Быков, Андрей Смирнов[2] — вдруг растерялись. Ситуация свободного проникновения на экран породила перед думающими людьми новые проблемы — надо что-то сказать и сказать современнее, интереснее, чем говорит пресса, а пресса говорит достаточно откровенно и жестко. Нужен не поступок, его от нас требовали раньше, поступок — разрешен. Значит, какой-то иной уровень искусства, иной уровень разговора? О, это очень трудно... И поэтому один за другим проекты слетели.

— Сегодня политические страсти обострены. Вы за кого — за Ельцина или за Горбачева?

— Я ни за кого. Я много лет находился под большим впечатлением от Горбачева и сейчас считаю, что, когда пройдет 5 или 50 лет, его роль будет переоценена и фигуру его поставят на пьедестал, он царь-освободитель. Он попытался отремонтировать здание, но столкнулся с такими проблемами, какие и придумать-то страшно. Его конкурент ни с чем подобным пока не сталкивался, политически выдержал унижения, стал любим народом, ибо мы привыкли, что все в стране поджимают хвосты, а он не поджал и продолжал сражаться. Это действительно сильная личность. Мне нравится, как он говорит, мне импонирует его облик, у него сильная команда. Но я всегда помню, что быть в оппозиции легче.

— Когда существует опасность, что правые могут захватить власть, становится важен голос интеллигенции.

— Насчет интеллигенции я вот вам что скажу. Не верю я в ее способность к сплочению и сопротивлению. Единственное, что она умеет делать, — или пойти в лагеря, или уехать из страны. Ну, единицы способны на самосожжение. Все остальные начнут аплодировать без всяких.[3] Я хорошо помню: когда Нина Андреева написала свои тезисы,[4] страшно было не то, что именно она написала, а то, как затихла вся бушевавшая интеллигенция. А потом сверху сказали, что это ошибка, и все опять заболтали...

Мое глубокое убеждение, что художники вообще-то заигрались. Художник и власть никогда не должны обожать друг друга. Их функции должны быть разделены. В шахте раньше вешали клетки с канарейками, если канарейка дохла, это значило, что в шахте рудничный газ. Художник в какой-то степени — канарейка в шахте. А дружить, поддерживать или не поддерживать правительство — это не его дело. Меня устраивает формула русских критических реалистов: «мы не врачи, мы боль».

Мне осточертели политические картины. То человек снимал исключительно по сценариям генерал-полковника от госбезопасности и стал народным артистом, то теперь он снимает о чудовищной доле заключенного в Советском Союзе.

Вся наша чернуха[5] — это неоконъюнктура.[6] Государству понадобилось продемонстрировать ужасный облик беззубых, страшных людей у пивных ларьков, с чудовищной жизнью — вот до чего мы дошли, вот какие мы ужасные, вот теперь давайте делать реформу. Когда мы в далекие времена показывали в фильмах таких людей, мы исходили совсем из другого и мы сами были совсем другими. Мы делали из этого искусство. Мы жалели и любили этих людей! На Западе сейчас наша чернуха страшно приветствуется, потому что считается: это — отвага — художники выражают общественное беспокойство. А никакого беспокойства нет. И отваги тоже.

— Все только и говорят, что кино пребывает в глубоком кризисе, что оно умирает.

— В кошмарном, ужаснейшем кризисе! Не секрет, что киностудии существуют на деньги за услуги западным фирмам. Хорошие картины сегодня просто не покупают. Нам выдержать удар в скулу от американского кино, которого люди раньше не знали — а они живут скудно, без мечты, голодные — невозможно. Конечно, люди пойдут смотреть на «победителей», пойдут на фильмы, «где все хорошо кончается».

— У нас получилась беседа в духе времени: мрачная, чернушная...[7] Ну скажите, есть хоть немножко веры в то, что будет хорошо?

— С одной стороны, нет, потому что ничего не делается: землю не отдают, нэп не ввели, армию не сократили — одни слова... А с другой стороны, всего три года назад я приехал из Дании и позвонил своему приятелю, очень известному нынче писателю, дабы сообщить, что целый ряд издательств на Западе разыскивает его, а Синявский[8] назвал его прозу превосходной. Какова же была реакция? Товарищ мой испугался: «Слушай, а мне ничего тут не сделают?..» Вот, сейчас смешно вспоминать. Верно? Значит, все-таки далеко мы ушли...

Беседу вела Наталья РЮРИКОВА.
(«Литературная газета» 1 мая 1991 г.)

Вопросы:

1. Какие проблемы появились у кинорежиссеров в новых условиях?
2. Что Герман говорит о Горбачеве?
3. Как он относится к Ельцину?
4. Какую характеристику интеллигенции дает Герман?
5. Почему, по его мнению, художник не должен быть близок к власти?
6. Что он думает о «чернухе»?
7. Есть ли у Германа вера, что все будет хорошо?

Нижний Новгород

ЭТО ЕЩЕ НЕ ПОГРОМЫ?

Первой жертвой чуть было не стал сорокалетний артист разговорного жанра, пародист, начальник концертного отдела Нижегородского музыкального общества, а по совместительству — координатор Всесоюзной еврейской культурной ассоциации Юрий Свойский вместе со своей семьей.

В тот вечер родные артиста собрались за праздничным столом, чтобы встретить еврейскую пасху, ежегодно справляемую в память о ветхозаветном исходе[9] из Египта. В самый разгар торжества в квартиру попытались вломиться неизвестные, изрядно «подогретые» спиртным.

— Они кричали: «Жиды,[10] открывайте, мы пришли вас убивать», — вспоминает Юрий Григорьевич. — От ударов в дверь сыпалась штукатурка, дети забились в угол, мама просто потеряла дар речи. Я вызвал милицию — а что было делать — мужчина в доме один, и оружия — никакого... Если бы наряд не подоспел вовремя, они бы ворвались внутрь...

Вряд ли, конечно, у этой попытки погрома были идейные вдохновители. Сами пострадавшие оценивают случившееся как проявление элементарного бытового антисемитизма. И все же... Заявление с просьбой привлечь хулиганов к ответственности Свойский писать не стал. «Мне же еще жить здесь, у меня сын растет», — сказал артист.

(«Столица» № 18, 1991 г.)

Вопросы:

1. Чем занимается Юрий Свойский?
2. Где собрались его родные в тот вечер?
3. Кто пытался вломиться в квартиру?
4. Как Свойский объясняет то, что он вызвал милицию?
5. Как оценивать эту попытку погрома?
6. Какого заявления Свойский не стал писать?

НАДЕВАЯ ПЛАТЬЕ, НЕ ЗАБУДЬТЕ ГАЛСТУК

О женском движении и о том, каким оно должно быть, написано немало книг. В нашей редакционной библиотеке — это две полки. Я внимательно посмотрела все, что касается «женского вопроса в СССР», советской женщины, самой счастливой и обеспеченной. Жуткое впечатление.

Женщина 20-х годов, объявившая любовь зависимой от партийной принадлежности. Чуть позже — стоящая рядом с мужчиной у станка. Женщина эпохи застоя[11] — незаметная и серая, произносящая речи о том, «что женский вопрос в стране социализма решен полностью».

Хотим мы того или нет, но все эти годы наше женское миролюбие, законопослушание, терпеливость тоже были оплотом тоталитаризма. Система это всегда хорошо понимала и использовала. Выйти на трибуну и взволнованным голосом произнести здравицу партии, заявить на весь мир, что у нас нет проблем, что наши дети самые счастливые, а вожди самые мудрые — для этого всегда звали женщин. А партер умильно и снисходительно аплодировал знатным ткачихам, трактористкам, дояркам, измученным плохим питанием, неустроенным бытом...

Год назад Комитет советских женщин (КСЖ) напечатал маленькую заметочку в «Известиях» — приглашаем всех женщин, которые хотят заниматься бизнесом. Объявление дали скорее наугад: а вдруг кто-нибудь да придет? Желающих оказалось неожиданно много. Так родилась школа бизнеса.

Раз в месяц КСЖ исправно находит специалистов — экономистов, финансистов, психологов, которые проводят занятия. Женщины почти превращаются в мужчин — надевают пиджаки и галстуки, спорят о делах и деньгах и не отпускают гостей до тех пор, пока не вытрясут из них всю необходимую информацию. А потом переключаются друг на друга — обмениваются адресами, заключают сделки. И жалуются: как тяжело быть женщиной в мире бизнеса,

Вообще-то женщины перемен не любят — это почти аксиома. Самой природой они «запрограммированы» на то, чтобы сохранить, сберечь, обустроить — продлить жизнь. Это мужчины в погоне за новизной «всегда готовы» передвигать границы и правительства, нам же вполне достаточно передвинуть мебель в доме. И вдруг — бизнес!.. Ежедневные проблемы, опасность прогореть,[12] скачки конъюнктуры,[13] мгновенные изменения ситуации!.. Я долго не могла понять, ради чего мои знакомые бросаются в это море стресса. А может быть, все ради того же, ради... стабильности? Ведь и мне самой чутье, интуиция подсказывает: САМОЕ ОПАСНОЕ СЕГОДНЯ — СИДЕТЬ СЛОЖА РУКИ.[14]

Нина Александровна Егорова, доктор философских наук и большой специалист в вопросах зарубежного женского движения, уверяет, что женщины берутся за дело тогда, когда мужчины не могут ничего. Такие моменты в истории уже были: в периоды упадка общества, кризиса на политическую и экономическую арены выходили женщины. Сейчас именно такой момент — помощи ждать неоткуда да и незачем, надо брать ситуацию в свои руки.

Недавно Нина Александровна организовала свою школу женского бизнеса. Еще одну (их уже десятки в стране). Она считает, что женщин надо учить бизнесу отдельно от мужчин — у них своя логика, мышление, восприятие. У нас же всегда женщин учили по-мужски, никто не пытался создать систему женского обучения. Может, если женщин учить по-женски, они добьются гораздо большего, чем мужчины?

О. ХВАСТУНОВА.
(«Комсомольская правда» 30 мая 1991 г.)

Вопросы:

1. Как описывали советскую женщину в литературе о женском вопросе в СССР?
2. Как менялся образ женщины с течением времени?
3. Как тоталитарная система использовала женщин?
4. Как работала школа бизнеса КСЖ?
5. Какие мысли вызывает у Хвастуновой тот факт, что женщины идут в бизнес?
6. Когда, по мнению Егоровой, женщины берутся за дело?
7. Как, на ее взгляд, надо учить женщин?

Задание:

Обсудите тему: «Если женщин учить по-женски, они добьются гораздо большего».

ВЫУЧИМ ЛЮБОЙ ЯЗЫК, ЕСЛИ ЗАХОТИМ

Как быстро все меняется. Вспоминаю времена плавного течения перестройки. (Думаю, что точку на них поставил Сумгаит,[15] но это поняли не сразу.) А тогда нервничали только сторонники Нины Андреевой, поставленные на место пятого апреля 1988 года номером в ту пору еще уважаемой и огромнотиражной газеты «Правда».[16] А уютная профессионально-интеллигентная «Литературная газета» вела неторопливую дискуссию на тему «Проблема перестройки школы». И получала письма читателей — и печатала некоторые из них. Тогда среди других вполне толковых мнений прозвучало и такое: «Я бы не включала в понятие грамотности обязательное владение иностранным языком. **Степень языковой одаренности у людей разная**, и для многих изучение языка в школе — мука и пустая трата времени». (Подчеркнуто мною. — А. Ч.)

Кроме как у русских, подобное спокойное отношение к «отсутствию языковой одаренности» я встречал только у американцев — такой же крупный массив населения с «комплексом численного превосходства». Больше ни у кого, хотя как географ я много ездил по свету.

Берусь доказать, что **языковой одаренности не существует.** Есть только **желание**, вызванное необходимостью — или просто широтой взглядов, освоить язык другого народа, проникнуть в его мышление, понять его. И — проистекающий из этого желания упорный **труд**.

Вот цифры. На территории Чукотского автономного округа проживает 9094 чукчи, считающих родным языком чукотский. Из них **свободно** владеют вторым языком — русским — 6823 человека, или 75 процентов. Какова «языковая одаренность» чукчей! Для сравнения: из 96 тысяч русских, проживающих на Чукотке, по-чукотски умеют говорить 34 человека.

А вот Якутия. Русских и якутов здесь примерно поровну. Свободно владеют **двумя** языками — русским и якутским — 57 процентов якутов и только 17 процентов местных русских. Чувашия: русские здесь в меньшинстве (26 процентов). Кроме родного чувашского, второму (русскому) языку **научились** 76 процентов чувашей. По чувашски смогли (или захотели?) научиться лишь 2,8 процента местных русских. Увы, нет языковой одаренности!

Конечно, русский язык — Великий и Могучий. Но — не менее велики и могучи английский, испанский, эстонский.

Величие и мощь отнюдь не делают язык легким. Скорее наоборот. Русский язык — трудный, я понял это еще студентом, когда помогал овладеть им своим товарищам — африканцам.

Совершенный и несовершенный виды глаголов, шесть падежей, обилие приставок и суффиксов. Труднее русского, пожалуй, эстонский (14 падежей), но и он доступен, если хотите понимать язык, на котором говорят и думают ваши соседи, в вашем городе, в вашей республике. Об этом сужу по собственному опыту, так как вырос в Эстонии в русской семье, эстонский выучил, без ложной скромности, не за счет «способностей», а с великим трудом.

Короче, в овладении языком другого народа главное — не в «одаренности» (иначе придется признать, что мы, русские, в отличие, скажем, от чукчей, — народ крайне «неодаренный»), а в необходимости, желании и труде. А мешает изучению других языков (неважно, иностранных или «неиностранных») прежде всего косность мышления, лень и **нежелание понять** других.

Я встречал человека, который не мог «перевести» название газеты «Вечірній Харків».[17] Первое слово ему было понятно, но кто же мог подумать, что «эти нерусские» так ненормально называют ХарькОв? «Я по-ихнему не умею» — это он твердо знал. И не считал это стыдным.

Как-то еще в добрые застойные времена,[18] в Приэльбрусье[19] мне встретилась семья из Воронежа — папа, мама и десятилетний сын. Кабардинцев они упорно называли «грузинами», наших попутчиков — эстонцев — «немцами», а главное, при моей попытке объяснить, чем отличаются друг от друга эти народы, они морщились как от зубной боли и скучно тянули: «Нам все равно — одной они породы...» — и вдруг враждебно: «А сам-то ты какой нации?» Все это уходит корнями в допетровские времена[20], когда все окружающие народы были для отсталой, самоизолированной, автаркической России либо «немцами»,[21] либо «бусурманами»,[22] а изучение их языков считалось никчемным и даже предосудительным занятием.

Знание других языков в нашей многонациональной стране просто необходимо. Особенно когда речь идет о местных языках. Иначе не будет никакой «дружбы народов», сколько про нее ни пой, хоть смешанными хорами, хоть рок-ансамблями.

Все это я написал тогда, в 1988 году, в «Литературную газету». Но мне, как автору, объяснили, что мой отклик «рассмотрен на редколегии», и для печати признан негодным, поскольку разжигает национальную рознь.

Рознь разгорелась и без моего письма, горит то здесь, то там до сих пор...

Аркадий ЧЕРКАСОВ.
(«Столица» № 20, 1991 г.)

Вопросы:

1. С каким мнением об изучении иностранных языков спорит автор?
2. У каких народов он встречал такое отношение?
3. Что он берется доказать?
4. С чем он сравнивает «языковую одаренность» чукчей, якутов и чувашей?
5. Что, по его мнению, делает любой язык доступным?
6. Какие примеры нежелания понять других он приводит?
7. Как он закончил свое письмо в «Литературную газету» в 1988 году?

---

[1] Aleksei German (b. 1938) film-maker, whose best-known films tackled questions of personal responsibility under Stalin and were not screened until the years of glasnost.

[2] Elem Klimov, Andrei Smirnov, Rolan Bykov, film-makers whose work was suppressed in the Brezhnev years (1964-82). Under Gorbachev they were in the forefront of the movement to liberalise the cinema and release films previously shelved.

[3] Без всяких - without the slightest hesitation.

[4] Nina Andreeva's letter to the newspaper «Советская Россия», published on 13 March 1988, was an attack on those who exposed Stalin's crimes. The fact that there was no rebuttal until 5 April in «Правда» gave the impression that perestroika was over.

[5] Чернуха - portrayal of only the dark or negative side of reality.

[6] Неоконъюнктура - new ideological environment, new set of ideas, images etc. that go down well with those in power.

[7] Чернушная, see note 5 above.

[8] Andrei Sinyavskii (b. 1925) literary scholar and writer, tried and convicted for 'anti-Soviet propaganda'; emigrated to the West in 1972, where he lectured and published a literary journal.

[9] Ветхозаветный исход - Exodus (in the Old Testament).

[10] Жид - Yid, pejorative word for Jew.

[11] Эпоха застоя - stagnation years, reference to the period under Leonid Brezhnev (1964-1982)

[12] Прогореть - to go bust.

[13] Скачки конъюнктуры - violent fluctuations in the state of the markets.

[14] Сидеть сложа руки - to be idle, do nothing.

[15] Sumgait, oil-town in Azerbaijan, scene of the massacre of 32 Armenians by an Azeri mob in March 1988.

[16] For Nina Andreeva see note 4 above; the circulation of «Правда» decreased from 10.7 million copies in 1988 to 6.8 in 1990 and 2.8 in 1991.

[17] «Вечірній Харків», Ukrainian for «Вечерний Харьков».

[18] See note 11 above.

[19] Приэльбрусье - area in the North Caucasus near mount Elbrus, popular place for skiing and mountaineering.

[20] Pre-Petrine times, i.e. before the reign of Peter The Great (1689-1725).

[21] Немцы, dumb people, people who can't speak Russian.

[22] Бусурман, басурман, infidel, heathen; pejorative name given by the Russian imperial conquerors to the natives, especially Moslems.

ИЮНЬ

НЕЗАВИСИМЫЕ РАДИОСТАНЦИИ

Радио тоже переживает сейчас весьма интересное время. Во всяком случае, музыкальный эфир за последние несколько месяцев изменился до неузнаваемости.

По весне прошлого года в диапазоне УКВ[1] начала вещать советско-французская станция «Европа плюс Москва», которая затем расширила сферу своего влияния и на Ленинград, вследствие чего была переименована в «Европу плюс».

Главных плюсов поначалу было два. Во-первых, музыкальные программы новой станции можно было слушать ежедневно по нескольку часов подряд, и это очень привлекало своей новизной. Во-вторых, мало-помалу сформировался штат диск-жокеев — преимущественно девушек с приятными чувствительными голосами, которые даже если ошибаются в названии песен и именах исполнителей (а случается это нередко, ибо, насколько я знаю, владение английским языком не является для них обязательным), делают это довольно мило.

Однако есть у «Европы» и минусы. Главный, на мой взгляд, в предсказуемости ее музыкальных подборок и слишком большой доле того, что у нас принято называть эстрадой.

В этом смысле более предпочтительными выглядят позиции радиостанции с очень английским названием «Эс-эн-си», что по-нашему означает «ЦСН» (Центр Стаса Намина). Здесь не пренебрегают никакими стилями, крутят и «металл», и совсем уж сладкую попсу,[2] и блюз, и — что очень важно — советский рок, и классику. Таким образом, «охваченными» оказываются (по крайней мере теоретически) все категории слушателей. Но стремление нравиться всем имеет и свою негативную сторону, поскольку нередко в дело идет совсем уж лежалый товарец.[3]

Но есть еще замечания «по ведению»: некоторые диск-жокеи «Эс-эн-си» слишком многословны. Они с упоением читают в эфире письма радиослушателей, которые хвалят станцию, и не слишком тонко шутят по поводу критических замечаний в свой адрес. В стремлении показаться экспертами рок-музыки они слишком много говорят и за счет этого допускают массу неточностей. Но это, вероятно, пройдет: ведущие привыкнут к эфиру, их реплики станут короче, а музыка будет столь же разнообразной.

В этом смысле любопытен пример станции «М-радио», где вообще нет ведущих. Время от времени зрелый мужской голос с загадочным акцентом (что испокон веку ценилось на Руси[4]) произносит коротенькую чушь типа: «Я и мой пес слушаем «М-радио» или «М-радио»: больше гласных, меньше согласных», что звучит ненавязчиво и даже по-своему мило.

Итак, наш эфир стал намного разнообразнее. Но, во-первых, в наибольшей степени это касается Москвы, Ленинграда и их окрестностей. Во-вторых, нет пока станции, которая специализировалась бы на некоммерческой музыке — а это существенное упущение. В-третьих, наиболее качественный прием можно обеспечить в диапазоне УКВ, а соответствующей аппаратуры в стране не так уж много. Первыми спохватились деловые люди из «Европы плюс». В конце июня при их деятельном участии предполагается выпустить партию[5] приемников с наушниками, настроенных на волну этой станции. Потом наступит черед автомобильных приемников. Вообще же бизнесмены «Европы», судя по всему, взялись за дело очень серьезно: они уже вполне освоили и телевизионный эфир, причем их музыкальные передачи идут по первой программе ЦТ.[6]

Словом, жизнь бурлит...

Некто Б. КАРЛОВ.
(«Комсомольская правда» 1 июня 1991 г.)

Вопросы:

1. Что поначалу привлекало слушателей к радиостанции «Европа плюс»?
2. Кто там работал диск-жокеями?
3. Какие преимущества имела станция «Эс-эн-си»?
4. Что в ней автору не нравится?
5. Что он говорит о стиле работы «Эс-эн-си» и «М-радио»?
6. Какие плюсы и минусы сложившейся ситуации перечислены?
7. Как собираются решать проблему приема в диапазоне УКВ?

КОНВЕРСИЯ

Главная причина нашей инфляции — уродливая структура общественного производства: по нашим расчетам, затраты на оборонный комплекс составляют ныне около одной трети ВНП.[7] Особое значение имеет конверсия ВПК[8] как крупнейший потенциальный источник ресурсов для оптового рынка.

Расхожий аргумент против широкомасштабного (в два и более раза) снижения затрат на оборонный комплекс сводится к утверждению о невозможности прекращения работы военных заводов, лишения средств к существованию миллионов трудящихся и членов их семей. Другой довод: мы не можем прекращать выпуск военной техники — останемся безоружными. В результате вместо сокращения военных расходов выдвигаются требования о дополнительном выделении на конверсию 35—50 миллиардов рублей капитальных вложений.

Проблема конверсии ВПК может быть решена и кардинально, и конструктивно. На массовое производство значительной части рутинной материалоемкой[9] военной техники, по которой у нас и так «перебор»: танков, бронетранспортеров, орудий и пр., — должен быть на несколько лет установлен мораторий. И в то же время разработка новейших видов техники может быть даже интенсифицирована.

Главная социальная проблема при этом решается следующим образом. Всем работникам останавливаемых производств целесообразно сохранить ту же зарплату и все социальные блага, что и прежде. Несмотря на это, будет достигнута немалая экономия, ведь в производстве вооружения на зарплату приходится лишь 20% затрат.

Если же оборонные предприятия произведут и продадут гражданскую продукцию, то их работники получат дополнительную плату. В результате, во-первых, для оптового рынка высвободятся огромные ресурсы легированных черных и цветных металлов,[10] пластмасс, тканей, станков, приборов и т. д. общей стоимостью 100—120 миллиардов рублей в год; во-вторых, как нетрудно предвидеть, заработает материально стимулируемая творческая мысль конструкторов, инженеров, рабочих, направленная на организацию и развитие производства нужных людям товаров. При подобной демилитаризации и конверсии использование высвобожденных ресурсов для гражданского производства или на экспорт увеличит поступление на потребительский рынок товаров на сумму 190—220 миллиардов рублей.

В. Д. БЕЛКИН, А. И. КАЗЬМИН, В. П. СТОРОЖЕНКО, экономисты.
(«Независимая газета» 11 июня 1991 г.)

Вопросы:

1. Что утверждают противники конверсии?
2. Чего они требуют?
3. На что, по мнению авторов, следует установить мораторий?
4. Какие меры в области зарплаты предлагают авторы?
5. Как можно использовать ресурсы, высвобожденные при демилитаризации и конверсии?

...КОГО ЛЮБИШЬ — ВЫБИРАЙ

А я провел эксперимент. Прочитал нескольким людям выдержки из программы кандидата Рыжкова,[11] сказав, что это тезисы Ельцина, а нескольким программу Ельцина, выдав ее за тезисы Рыжкова. Программа Рыжкова (Ельцина) была принята в штыки:[12] «Что пишет, что пишет...», а программа Ельцина (Рыжкова) вызвала живейший отклик в честных сердцах трудящихся. Сознаю: я экстремист, фальсификатор и вульгарный социолог. Но давайте себе признаемся — сегодня мы голосуем не за программы, а за людей. Даже не за их будущее, а за их прошлое. Да и вообще отдаем голоса не столько претендентам, сколько своим собственным представлениям о порядочности.

По большому счету[13] это не столько выборы, сколько признание в любви. Сколько бы мы ни думали, что сегодня идем на выборы, на самом деле каждый (за кого бы ни голосовал) знает, что основному претенденту альтернативы нет.[14]

И тут я хотел бы высказать мысль, для многих обидную: кого бы мы ни выбрали, спасения не будет. Сколько бы писем с криками «SOS» ни приходило ежедневно в канцелярию будущего владельца президентского портфеля, он всех из болота не вытащит, лампочку всем не ввернет, огороды не вспашет и талоны не отоварит.[15]

Рассчитывать на это глупо. Наступило время, когда легче не пропасть как раз поодиночке. На своем заводе, огороде, предприятии. Вопрос только в том, кто набросает на поверхность одной шестой части суши[16] больше спасательных кругов. Наверное, и стоит делать выбор, исходя только из этого.

Д. МУРАТОВ.
(«Комсомольская правда» 12 июня 1991 г.)

Вопросы:

1. Какой эксперимент провел автор?
2. Каковы были его результаты?
3. Какой вывод они позволили ему сделать?
4. Что он говорит тем, кто ждет спасения?
5. Какой президент нужен тем, кто намерен действовать?

РОССИЯ, КОТОРУЮ ВЫБИРАЕМ

Сколько бы ни рассуждали, кому повезет в итоге выборов,[17] но в действительности, в достаточно долгой перспективе, любой исход выборов в России будет для союзной власти крайне неблагоприятен уже потому, что по закону бюрократических структур две власти над одной территорией, ровно как и два министра в одном департаменте, не уживутся. Одна власть будет реальной, а другая — чисто формальной. Пока у нас реальной властью все же является власть Союза, власть России постоянно ощущает нехватку своих властных ресурсов. Если ситуация изменится, то, естественно, Союз распадается, остается Россия и 14 находящихся с нею в различных отношениях государств, бывших союзных республик. Поэтому любая власть в России будет или стремиться вновь завладеть союзным центром и как бы восстановить Союз через Россию, или полностью развалить Союз и оставить Россию как самостоятельное государство.

Второй исход маловероятен. Поскольку Россия сама страна составная, состоит из целого ряда регионов, автономий, то вслед за развалом Союза точно такой же процесс пойдет в России. И уже идет. Что же касается первого пути, то он в принципе реален: постепенное замещение одной из республик властных союзных структур. Поэтому фактически нынешние выборы президента — это выборы контрпрезидента Союза, с которым придется бороться Горбачеву в любом случае, кто бы он ни был.

Андрей ЗУБОВ, доктор исторических наук.
(«Литературная газета» 12 июня 1991 г.)

Вопросы:

1. Что автор говорит о двух властях в России — союзной и российской?
2. Что произойдет, если реальной властью станет власть России?
3. К чему будет тогда стремиться власть России?
4. Какой исход автор считает более вероятным?
5. Какую позицию будет вынужден занять Горбачев?

ШКОЛА БАНКА

Мы с вами — в офисе коммерческого банка «Столичный». Наш собеседник — председатель правления банка Александр Смоленский.

— Самая основная проблема, с которой столкнулись коммерческие банки, — кадры. Особенно острая ситуация в низовом звене, я уж не говорю об управленческом аппарате, его просто нет. Наш банк расширяет дело, а работать некому. Поэтому мы затеяли построить в

Черемушкинском районе Москвы общеобразовательную школу, в здании которой будет работать настоящее отделение нашего банка. А ученики 9—11-х классов пройдут специальный курс обучения банковскому делу. Конечно, это будет элитная школа, но не на основе конкурса родителей, а на базе знаний детей. Отобрать талантливых ребят нам помогут психологические и медицинские тесты. Будущие работники банков должны быть безупречно честными и выносливыми. Поэтому и занятия не уместятся в 6 часов. Потребуется 8—10 часов ежедневно. Обязательное изучение двух иностранных языков — английского и немецкого, этика, эстетика, менеджмент в полном объеме, умение улыбаться, даже если у тебя плохое настроение. Лекции будут читать специалисты, в том числе и из-за рубежа. Подписаны уже соответствующие протоколы. Ведь и зарубежные коллеги заинтересованы в том, чтобы мы понимали друг друга. Изоляция советских банков, как это было до недавнего времени, кончается. Приоритет при отборе в школу будет отдаваться мальчикам. Банки — мужское дело. После окончания школы ребята сразу придут работать к нам. Дальше — может быть, вуз, стажировка за рубежом.[18]

Роза СЕРГАЗИЕВА.
(«Российская газета» 18 июня 1991 г.)

Вопросы:

1. Почему банк «Столичный» собирается строить общеобразовательную школу?
2. На какой базе будут отбирать в нее учеников?
3. Чему здесь будут учить?
4. Кому будет отдаваться предпочтение при отборе в школу?

12 ИЮНЯ «БОЛЬШЕВИКИ» ОСТАЛИСЬ В МЕНЬШИНСТВЕ[19]

Сложнейший процесс мирного перераспределения политической власти в стране в собственном смысле слова начался весной 1989 года выборами народных депутатов СССР. Он завершится, по-видимому, уже в обозримом будущем радикальным преобразованием бывшей правящей партии вплоть до ее самороспуска и воссоздания с нуля на принципиально новой основе.

Предвыборная борьба в России фактически велась между двумя реальными силами: РКП[20] (то есть, по сути дела КПСС) и «Демократической Россией» — конгломератом демократических движений, не имеющих четкой структуры, но только общие цели.

По всему фронту этой борьбы РКП потерпела поражение. Однако внушительная победа уже в первом туре Ельцина в России, Попова в Москве, Собчака в Ленинграде[21] свидетельствует только об одном: бывшая правящая партия отныне в России таковой не является. Но остается не совсем ясным вопрос: к кому же перешла потерянная ею формальная политическая власть?

Многомерность и известная противоречивость движения «Демократическая Россия» не позволяет дать на этот вопрос определенный ответ. «Демроссия» в привычном для нас смысле слова партией вообще не является.

В счастливый и редкий момент отсутствия в стране сильных политических партий мускулы власти начнут, по-видимому, наращиваться вокруг скелета деидеологизированных государственных исполнительных структур. Я думаю и надеюсь, что аппаратные структуры КПСС на местах, потерявшие идеологическое влияние, но сохранившие значительный организационный потенциал, не будут препятствовать этому процессу, а мирно вольются в него,

Аппаратчикам, «оживляющим» эти структуры, на самом деле нужна не столько отслужившая свое идеология, сколько власть как таковая, на которую и с помощью которой они хотят работать. Власть — это их профессия, их хлеб. Они нужны для практической организации власти и цену себе понимают. А красный ли флаг будет висеть на фронтоне или красно-бело-голубой[22] — это для профессионалов дело десятое.[23]

Леонид НИКИТИНСКИЙ.
(«Комсомольская правда» 18 июня 1991 г.)

Вопросы:

1. Между кем велась предвыборная борьба в России?
2. Что произошло с РКП?
3. Какой вопрос остается не совсем ясным?
4. Что может произойти, когда в стране нет сильных политических партий?
5. Почему автор считает, что аппаратчики будут работать на демократов?

ЧЕРЕМУШКИНСКИЙ РЫНОК: БОЙ ЗА СВОБОДНЫЕ ЦЕНЫ

13 июня на Черемушкинском рынке[24] азербайджанцы подрались с таксистами из-за дороговизны.

Ъ:[25] Черемушкинский рынок известен своими высокими ценами. Торгуют в основном азербайджанцы — фруктами, овощами и наркотиками. Одна из самых криминогенных[26] точек в столице.

В половине второго дня из четырех подъехавших к рынку автобусов вышли группы мужчин и принялись беспорядочно громить лотки с фруктами азербайджанцев. Азербайджанцы, проявив завидную сплоченность, отбили атаку с помощью палок, ящиков и камней. И обратили более сотни нападавших в бегство. Наряду милиции Октябрьского РУВД[27] при поддержке ОМОНа[28] удалось догнать один автобус и извлечь оттуда 40 нападавших.

Пойманные оказались водителями такси, рафиков[29] и грузовых машин, специализирующимися на доставке фруктов с московских вокзалов на рынки. На допросах задержанные пожаловались на жестокий нрав азербайджанцев: если цена за доставку фруктов кажется им слишком высокой, они денег не платят вовсе, а водителей бьют. Поэтому водители собрались вместе и поехали на рынок разбираться.[30]

На следующий день Октябрьский суд, исследовав обстоятельства дела, приговорил около трех десятков нападавших к 10 рублям штрафа, а зачинщиков атаки и 6 наиболее активно защищавшихся к аресту от 10 до 15 суток. По мнению Георгия Лопатина из РУВД, возбудить уголовное дело не удастся, несмотря на два ножевых ранения — неизвестно, кто кого в суматохе порезал.

Глеб ПЬЯНЫХ, Лев СИГАЛ.
(«Коммерсантъ» № 24, 1991 г.)

Вопросы:

1. Как приехали на рынок группы мужчин?
2. Что они стали делать?
3. Чем кончилась драка?
4. Что выяснилось на допросах?
5. Что произошло на суде?

ОБ «УТЕЧКЕ МОЗГОВ»

Сегодня приходится много слышать и читать о так называемой «утечке мозгов» — эмиграции высококвалифицированных специалистов за границу или их отъезде на несколько лет для работы по контрактам. Такой поток особенно усилился в последние годы, и во многом это связано с попытками перехода к рыночной экономике.

Говорить об отъезде из страны ученых, инженеров, врачей, гуманитариев как об отдельных явлениях нельзя. Ворпос намного сложнее и нужно ставить его гораздо шире: как сохранить интеллектуальный потенциал страны и с максимальной отдачей использовать его для ее развития?

Переход к рынку, безусловно, необходим и неизбежен. В 1917 году мы сошли с естественного пути развития страны, и нам придется как-то на него вернуться.

При возвращении к нормальной рыночной экономике мы не сможем миновать период Клондайка, период дикого капитализма времен второй половины XIX века. Это ужасно, но нужно принять как одну из бед, с которыми будет связан переход к рынку. Я очень надеюсь, что у нас хватит мудрости воспользоваться опытом развитых стран, чтобы в какой-то степени сгладить дикость этого периода — прежде всего, механизмами государственного регулирования. Но переход все равно будет болезненным, и уже сейчас мы это чувствуем.

Особенно тяжело такой переход может сказаться на науке, искусстве и других сферах, не связанных с сиюминутной прибылью. До поры до времени люди будут думать о том, как заработать деньги, а не вложить их в будущее. Вот когда период первоначального дикого рынка кончится, тогда поймут, что двигаться дальше невозможно без интеллектуалов — людей, способных создавать и использовать высокие технологии.

Отъезд за границу — это особая и очень неоднозначная проблема. Она касается не только Советского Союза. Недавно в Италии мы разговаривали с коллегами на эту тему. Из Италии уезжают в США программисты и математики, из Германии — экспериментаторы и менеджеры-техники. Итальянцы и немцы с грустью говорят об этом, потому что Америка и Западная Европа сейчас довольно жестко конкурируют в этой сфере. А вот профессор из Китая заметил, что работу по контрактам на Западе, отъезд специалистов на 3, 5, даже 7 лет он воспринимает как чрезвычайно полезное явление. По его словам, опыт показал, что в страну не возвращается максимум 7% уехавших, а остальные 93% возвращаются, обогащенные знаниями и новой культурой работы. Поэтому однозначно судить нельзя — в некоторых случаях такой отток вреден, в некоторых полезен.

Я думаю, что нашим специалистам в ближайшие годы отъезд на работу по контракту полезен. Сейчас этот интеллектуальный потенциал у нас использован не будет, а отъезд за границу — все-таки одно из средств его сохранения. По-моему, люди, которые говорят об опасности «утечки мозгов», немножко недооценивают вот что. У нас неплохие математики, у нас очень хорошие физики-теоретики, у нас отличные программисты. Эти специалисты могут найти применение на Западе. Но на Западе тоже умеют готовить очень хороших физиков, математиков и программистов и не столь уж в них нуждаются. Я следил за судьбой тех прикладных математиков, которые эмигрировали на Запад. У меня был такой прием: я плохо владею английским языком, поэтому лекции читаю по-русски, и всегда, в любом месте находился человек, который меня переводил — из бывших советских граждан. После этого мы начинали длинный разговор, и между нами устанавливалась полная откровенность. Я убедился, что большинству живется там не очень хорошо.

Так что преувеличены опасения, связанные с «утечкой мозгов». И не надо бороться с ней административными мерами. Я бы поставил вопрос по-другому: надо как-то цивилизовать этот процесс, чтобы обеспечить должное использование этих специалистов на Западе с гарантией их юридической и экономической защиты.

Скажем, Иванов, Петров и Сидоров[31] хотят уехать на работу за границу. Они подают заявки, и эти заявки рассматриваются профессионалами. Тогда человек, уезжая на 3—5 лет, будет знать, куда он едет, что будет делать, сколько получать и в каких условиях жить.

Настала пора принимать конкретные и эффективные меры, чтобы в наше тяжелое время не только не растерять интеллектуальные резервы общества, но и в полной мере использовать их для развития нашей страны.

Н. МОИСЕЕВ.
(«Наука и жизнь» № 6, 1991 г.)

Вопросы:

1. Как происходит «утечка мозгов»?
2. С чем это связано?
3. В каких сферах этот переход может быть особенно болезненным?
4. Почему в Китае отъезд специалистов на Запад считают полезным?
5. А что об этом думает Моисеев?
6. Как он предлагает сохранить интеллектуальные резервы страны?

---

[1] УКВ - ультракороткие волны, VHF waveband.

[2] Попса - low-grade pop music.

[3] Лежалый товарец - goods well past their "sell-by" date.

[4] На Руси - in the land of Rus, ancient name of Russia.

[5] Партия - batch, consignment.

[6] ЦТ - Центральное телевидение.

[7] ВНП - валовой национальный продукт, GNP - gross national product.

[8] ВПК - военно-промышленный комплекс, military-industrial complex.

[9] Материалоемкий - material-intensive.

[10] Легированные черные и цветные металлы - alloyed ferrous and non-ferrous metals.

[11] Nikolai Ryzhkov (b. 1929), headed the Soviet government 1985-1990, opponent of rapid transition to market economy, Communist Party's candidate in Russia's presidential elections.

[12] Принять в штыки - to give an extremely hostile reception to.

[13] По большому счету - to be quite exact.

[14] Of the six candidates standing - Nikolai Ryzhkov (see note 11 above), Vadim Bakatin, radical reformer, former Minister of the Interior, Vladimir Zhirinovskii, who called for the defence of Russian minorities in non-Russian areas and a cut in the price of vodka, General Albert Makashov, representing the most extreme among the Communist conservatives, Amangeldy Tuleev, regional leader in Kemerovo in the mining area of Kuzbass, Boris Yeltsin was the one everyone expected to win.

[15] Отоварить талоны - to convert ration coupons into goods.

[16] One sixth of the world's land mass, territory covered by the USSR.

[17] See note 14 above.

[18] Стажировка за рубежом - placement abroad for study and work experience.

[19] Percentage of the votes cast in the Russian Presidential elections was as follows: Boris Yeltsin - 57.30, Nikolai Ryzhkov - 16.85, Vladimir Zhirinovskii - 7.81, Amangeldy Tuleev - 6.81, Albert Makashov - 3.74, Vadim Bakatin - 3.42.

[20] РКП - Российская Коммунистическая Партия, set up in June 1990, dominated by conservatives.

[21] Gavriil Popov and Anatolii Sobchak were running for the new offices of executive mayor of Moscow and Leningrad respectively. In addition, Leningraders were voting to change the name of their city back to Санкт-Петербург - St Petersburg, the result being 55% for the change.

[22] Reference to the Russian flag,white, blue and red, and the red one of the USSR.

[23] Дело десятое - they don't give a toss.

[24] Черемушкинский рынок, a private market in Moscow

[25] Ъ, abbreviation for «Коммерсантъ», newspaper of co-operatives and other business interests, which uses the distinctive pre-Soviet spelling with the 'hard sign'.

[26] Криминогенный, term used by the militia to decsribe an area that generates a high rate of crime.

[27] РУВД - районное управление внутренних дел, city district police headquarters.

[28] ОМОН - отдел милиции особого назначения, special riot police.

[29] Рафик, van similar to Ford Transit.

[30] Разбираться - to sort them out.

[31] Иванов, Петров, Сидоров, equivalent to Smith, Jones and Robinson.

ИЮЛЬ

СВОБОДНОЕ ВРЕМЯ: У КОГО СКОЛЬКО?

Наше свободное время. Признаюсь, я встретил статистическую сводку о нем с изрядной долей скептицизма. Мне казалось, что сейчас его вообще ни у кого нет. Наше многострадальное население по использованию свободного времени я делил на три категории. Первая, и самая многочисленная, проводит так называемое свободное время в очередях. Даже не просто в очередях — в поисках очередей. Ибо если нет очередей — нет и товаров.

Категория номер два — те, кто работает после работы. Чтобы каторжным трудом «догнать и перегнать» девальвацию рубля. Чтобы выжить и прокормить семью.

Третья категория — митингующие. И в рабочее, и в свободное время они дискутируют. Конечно же, о том, как облегчить участь двух указанных выше категорий. И не жалеют для этого сил (извините — слов). А поскольку у каждого мыслящего сейчас инакомыслие, к согласию они приходят редко, и дискуссии затягиваются надолго...

Тем не менее, обратимся к статистической сводке.

По данным обследования, продолжительность свободного времени — затраченного на учебу, повышение квалификации, общественную работу[1] (все это считается «свободным временем»!), воспитание детей, любительский труд, физкультуру и спорт, отдых и развлечения, составила в среднем на работающего за день у проживающих в городе 3 часа 29 минут. У проживающих на селе на это уходит 2 часа 32 минуты.

Ну а в чистом виде свободное время — как мы используем его? Естественно, на первом месте стоит «голубой экран».[2] В рабочие дни мужчины, проживающие в городе, проводят возле него (в среднем) 1 час 47 минут, женщины — 50 минут. На втором месте — газеты, журналы, художественная литература. На чтение у мужчин (опять-таки в среднем) уходит 35 минут. У женщин — четырнадцать. Кино, театры, концерты и т. д. Здесь дела еще хуже. Мужчины тратят на все это 7 минут, женщины — 5. Прогулки и занятия спортом. Соответственно 12 и 6 минут. Дальше идет такая любопытная графа: «встречи, визиты, игры, развлечения». «Визиты» оказались кратковременными. У мужчин они занимают 7 минут, у женщин — 4. Еще меньше повезло учебе и повышению квалификации: 3 минуты в день! А как же с воспитанием детей? 27 и 30 минут.

Примерно в таких же пропорциях распределяется свободное время и у сельских жителей.

Снова и снова убеждаемся в том, сколь тяжела участь «слабого пола». Свободного времени у женщин, констатирует сводка, в 1,7 раза меньше, чем у мужчин. Да, домашнее хозяйство... При полном развале торговли и службы быта женщины, как и прежде, приняли всю тяжесть положения на свои плечи.

Среди членов обследованных семей почти 20 процентов составляют учащиеся. Как же расходуется свободное время у них? Возьмем лишь одну категорию: учащихся в возрасте 18—19 лет. Продолжительность свободного времени в среднем за день 4 часа 12 минут. Просмотр телепередач занимает 1 час 23 минуты. Чтение — 29. На театры, концерты, музеи уходит в среднем за день... 4 минуты. Зато на дискотеки — 10 минут.

И еще один любопытный факт. 42 процента юношей и 39 процентов девушек хотят сократить затраты времени на учебу и самообразование. Зато многие из них желали бы больше времени уделять прогулкам и спорту. Стремление вполне естественно, но как при этом оторваться от условий нашей жизни, все более ориентированной на рынок?

Вглядываясь в не столь отдаленную перспективу, можно с уверенностью предположить, что наше свободное время сократится еще больше. И работать и учиться придется больше, ведь рынок — чрезвычайно требовательная система. Чтобы «вписаться» в него,[3] от каждого понадобится много усилий. Обеспеченное будущее надо заработать.

Ю. РЫТОВ.
(«Известия» 2 июля 1991 г.)

Вопросы:

1. На какие категории автор делит население?
2. Как определялось свободное время в обследовании, о котором он пишет?
3. Сколько времени затрачивалось на телевидение?
4. В каких пропорциях распределялось свободное время у мужчин и у женщин, затраченное на а) чтение, б) театры, концерты, кино, в) прогулки и спорт, г) воспитание детей?
5. Как проводили свободное время учащиеся?
6. Чему они хотели бы уделять больше времени?
7. Почему в будущем свободного времени будет еще меньше?

«СЕКС ИМЕЕТ ЗНАЧЕНИЕ!»

Под таким девизом прошел в Амстердаме X Всемирный конгресс по сексологии. «КП»[4] предоставляет слово одному из его участников.

Голландцы не боятся секса. Здесь самый низкий в мире уровень абортов и беременностей среди девушек-подростков. Объясняют это тремя факторами: широкой доступностью разнообразных и высококачественных контрацептивов, которые, за исключением презервативов, бесплатны; общим открытым и терпимым отношением населения к сексуальности и наличием серьезного, доброкачественного сексуального просвещения подростков.

По мнению голландских педагогов, нужно не столько давать подросткам ценные руководящие указания, сколько помогать им разумно регулировать собственную жизнь. В стране существует разветвленная сеть сексологических консультаций, специальные телефоны доверия для жертв изнасилования, для подростков, для гомосексуалистов и многое другое.

Иная картина в США.

Сексуальная революция 1960—1970-х годов была связана с общими процессами индивидуализации общественной жизни и эмансипацией женщин и с тем, что благодаря достижениям медицины люди освободились от страха перед венерическими заболеваниями и нежелательными беременностями. Но за реформацией всегда следует контрреформация! Так, эпидемия СПИДа[5] в США была истолкована консервативными кругами как «божья кара», а неизбежные трудности перестройки сексуальной морали в условиях расширившейся личной свободы — как доказательство необходимости возврата к тому, что было раньше.

Расписывая опасности порнографии, консерваторы добиваются введения или расширения моральной цензуры, запрещения абортов.

В 1920-х годах в России происходила примерно та же сексуальная революция, что и на Западе. В начале 30-х годов большевистская партия насильственно прервала этот процесс, полностью ликвидировав и сексологические исследования, и сексуальное просвещение, и эротическое искусство.

Сексуальная культура была выкорчевана радикально. Когда с ослаблением цензурных рогаток[6] десятилетиями отрицаемый («у нас секса нет!») и заклинаемый советский секс вдруг явился на яркий свет, он поверг общество в состояние растерянности и моральной паники, ибо оказался таким же диким, агрессивным и бескультурным, как и прочие аспекты нашего бытия и быта.

Партийные публицисты, а также просто социологически наивные люди продолжают винить «проклятую вседозволенность» и влияние растленного Запада: дескать, «там» сексуальная революция закончилась, а мы, лишившись мудрого партийного руководства, по недомыслию внедряем у себя то, от чего другие уже отказались.

Отечественная «сексуальная революция» происходит на фоне общего кризиса социальных и культурных ценностей, от которых сексуальность неотделима. Практически нигде в мире нет такого низкого уровня сексуальной культуры. Поэтому, как и в социально-экономической жизни, в области секса свобода приносит нам прежде всего издержки.

Пока у нас в основном умеют только «держать и не пущать».[7] Вместо заботы о развитии сексуальной культуры ищут способы усовершенствования цензуры, вместо просвещения создается полиция нравов...

Игорь КОН.
(«Комсомольская правда» 16 июля 1991 г.)

Вопросы:

1. Как относятся к проблемам секса в Голландии?
2. Каковы преимущества такого отношения?
3. А как обстоят дела в этой области в США?
4. Как происходила сексуальная революция в России?
5. Что произошло, когда в годы перестройки «секс вдруг явился на яркий свет»?

Задание:

Обсудите преимущества и недостатки отношения к сексу в Голландии, в США и в России

ЛОНДОН — МОСКВА. ТУМАН РАССЕИВАЕТСЯ...

Вчера в музыкальной гостиной Ланкастер Хаус, где некогда Шопен играл для британской королевы Виктории, встретились лидеры «семерки»[8] и Президент СССР М. Горбачев.

Почти 7 лет назад, в Чекерсе — загородной резиденции британского премьера — Михаил Горбачев, сидя у жаркого камина, предложил своей собеседнице — Маргарет Тэтчер поговорить, что называется, без протокола.[9] И она, известная своим отношением к «развитому социализму», явно волнуясь, прятала заранее подготовленные бумаги. Речь пошла о будущем Европы.

Бывший премьер-министр Великобритании первой на Западе оценила смысл перестройки и роль, которую призван был в ней сыграть новый советский политик.

В тот пасмурный декабрьский вечер они говорили о приоритете человеческих ценностей, о том, что Европа должна стать общим домом для народов, проживающих на ее просторах.

Сколько воды утекло с той поры в Темзе, Волге и Одере? Маргарет Тэтчер уже не премьер, перестройка задыхалась и буксовала. Да и в популярность Президента Горбачева, восторженно называемого простыми гражданами Запада не иначе как Горби, вкралась трещинка скепсиса. По правде говоря, не только в родном Отечестве.

Так что же это за цифра такая — «семерка»? 7 лет назад Европа открыла для себя нового политика. Нынче 7 лидеров ведущих государств пригласили его в свой клуб — для избранных. Ничего загадочного в этом нет. Замыкается круг современной истории.

Накануне встречи участники «саммита» уже определили общий подход к переговорам. Все согласились с выводами нашего президента о том, что экономика Союза в тяжелейшем состоянии, что «промышленно развитые страны должны предпринять усилия, чтобы помочь советским реформам». Речь тем не менее не шла о каких-то масштабных финансовых вливаниях. А вот конкретные сферы интересов определены. «Семерка» готова участвовать в инвестициях в газовую промышленность, нефтяную, сельское хозяйство и в распределение продуктов питания.

В плотном графике лондонского визита советского Президента для встречи с бывшим премьером Великобритании отведено лишь 25 минут. Мы не знаем, помнят ли Президент и его помощники о том, что именно Тэтчер (вновь первой) заявила о необходимости присутствия Горбачева на традиционной встрече «семерки». Хочется надеяться, что помнят. Потому что политики тоже люди.

А. КУПРИЯНОВ, М. ЧИКИН.

(«Комсомольская правда» 18 июля 1991 г.)

Вопросы:

1. Какое событие, происшедшее семь лет назад, вспоминают авторы?
2. Что они говорят об отношении Тэтчер к перестройке?
3. Какие изменения произошли с той поры?
4. С какими выводами согласились лидеры 7 ведущих государств?
5. В чем готова участвовать «семерка»?

ЕСТЬ ЛИ ПРОСТРАНСТВО ДЛЯ МАНЕВРА?

В конце 1990 года Советский Союз пополнил собой число стран, нуждающихся в международной помощи... Государство, занимающее одну шестую часть суши, наделенное всеми мыслимыми природными ресурсами и населенное 300 миллионами граждан, оказалось на грани международного банкротства.

1990 год стал вторым годом убыточной внешней торговли нашей страны. Еще в 1988 году огромные потоки нефти, газа, леса, золота, руд и металлов, растекавшиеся из СССР по всему миру, позволяли не только компенсировать закупки необходимых стране товаров, но и создавали ежегодный небольшой излишек.

В 1989 году импорт впервые за последние десятилетия превысил экспорт на 5,4 миллиарда долларов. В 1990 году отрицательное сальдо внешней торговли увеличилось в три раза. Иначе говоря, страна продала товаров меньше, чем купила на 9,8 миллиарда рублей.

Внешняя причина сокращения объема экспорта — падение цен на нефть и некоторые другие виды сырья. Доля этих товаров в советском экспорте превышает 40 процентов.

К падению цен на сырье добавилось угрожающее сокращение добычи нефти в СССР в последние годы. Объемы этой добычи сократились с 640 миллионов тонн в 1988-м до 570 миллионов тонн в 1990-м. В текущем году это сокращение станет еще более значительным. В результате уже в 1990 году не были выполнены планы поставки нефти на экспорт, а в году нынешнем даже по государственным планам предстоит вдвое — со 120 до 70 миллионов тонн — сократить продажи советской нефти.

Среди немногочисленной категории продукции, экспорт которой из СССР в минувшем году продолжал увеличиваться, — потребительские товары длительного пользования. Однако по оценкам специалистов, эффективность экспорта советской нефти в 7 раз выше, чем экспорта автомобилей, в 11 раз — вывоза электронных часов, в 17 раз — фотоаппаратов. Советские товары длительного пользования уходят за рубеж по демпинговым ценам.[10] Преследуется при этом одна цель: любыми путями получить валюту.

Начиная с весны минувшего года Советский Союз испытывает хронический недостаток свободно конвертируемой валюты для оплаты своего импорта и погашения внешней задолженности.

Сегодня советская экономика не может существовать, не импортируя огромного количества товаров. В первую очередь речь идет о предметах повседневного спроса, продуктах питания. Доля импорта в их потреблении от 95 до 10 процентов. По импорту поступает также до 40 процентов сырья и материалов для легкой промышленности, в частности, шерсти, красителей, лаков.

Большая часть этого импорта не является чем-то безусловно необходимым и естественным. Ввоз в СССР фруктов и зерна, мяса и масла, шерсти есть итог многолетней разрушительной деятельности нашей парадоксальной экономики, ибо речь идет о товарах, которые Советский Союз может производить сам.

Для покрытия дефицита внешней торговли только в 1990 году было необходимо изыскать около 15 миллиардов долларов. Однако дело в том, что, помимо этой суммы, Советскому Союзу было необходимо произвести очередные выплаты в счет погашения имеющейся внешней задолженности,[11] в том числе процентов по долгам.[12] В 1990 году подобные платежи должны были составить около 10 миллиардов долларов. Таким образом, общий размер дефицита платежного баланса страны в 1990 году должен был достичь цифры в 25 миллиардов долларов.

Выход был один — занимать деньги, брать кредиты. И брали, да еще как.[13]

Вот как выглядит динамика роста советской внешней задолженности в последние годы. По сведениям зарубежных источников, в 1985 году она составляла примерно 5 миллиардов долларов, при том, что у СССР имелось положительное сальдо платежного баланса[14] и около 10—15 миллиардов долларов в западных банках в качестве валютных резервов страны. Уже в конце 1989 года объем внешней задолженности СССР, по данным австрийских банков, составил 52,4 миллиарда долларов. А к концу 1990 года задолженность СССР перед Западом увеличилась до 68,8 миллиарда долларов.

Примечательный факт: 75—80 процентов займов, полученных СССР в 1990 году, направлялось не на закупку товаров или услуг, а шло на финансирование уже имевшейся задолженности. Одновременно были в значительной степени исчерпаны валютные вклады СССР в западных банках. За этой практикой проглядываются отчетливые контуры «латиноамериканского варианта» прогрессирующего роста задолженности, направляемой на погашение ранее взятых кредитов.

Сопоставление всех приведенных цифр, полагаю, достаточно ясно показывает, что Советский Союз вплотную приблизился к черте, за которой начинается состояние международного банкрота.

Надеюсь, читатель понимает, что автор меньше всего старался напугать или поразить чье-то воображение. Просто речь идет о том, что огромные некогда резервы, в том числе внешнеэкономические, на которые опиралась перестройка, тают. Пространство для маневра при решительном проведении хозяйственной реформы неуклонно сужается. И уж вовсе не осталось, как мне кажется, ресурсов для того, чтобы оплатить возврат вспять, если кто-то еще питает надежды на возможность такого развития событий. Ресурсов осталось немного, и их хватит только для того, чтобы рвануться вперед. Для прыжка назад их уже нет.

Э. ГУСЕЙНОВ.
(«Известия» 29 июля 1991 г.)

Вопросы:
1. В чем заключается парадоксальность того, что Советский Союз оказался на грани международного банкротства?
2. Что позволяло стране импортировать необходимые товары до 1989 года?
3. По каким двум причинам положение изменилось к худшему?
4. Почему Советский Союз продает автомобили, электронные часы, фотоаппараты по демпинговым ценам?
5. Почему образовался дефицит внешней торговли?

6. Как решали проблему выплат в счет погашения внешней задолженности?
7. На что направлялось 75—80 процентов займов в 1990 году?
8. Как вы думаете, кому адресован последний абзац статьи?

---

[1] Общественная работа, roughly equivalent to voluntary work.

[2] «Голубой экран» - телевизор.

[3] Чтобы «вписаться» в него - in order to find one's place in it.

[4] «КП» - abbreviation for the newspaper «Комсомольская правда».

[5] СПИД - синдром приобретенного иммунодефицита, AIDS.

[6] Цензурные рогатки - obstacles erected by censorship.

[7] «Держать и не пущать» - to clamp down.

[8] Gorbachev came to the July 1991 meeting of the G7 - Group of Seven Most Industrialised Nations of the world (USA, Britain, Canada, France, Germany, Italy and Japan) - to ask for economic assistance.

[9] Без протокола - off the record.

[10] По демпинговым ценам, from демпинг - dumping, export at very low prices.

[11] Погашение внешней задолженности - foreign debt repayment.

[12] Проценты по долгам - interest on loans.

[13] Да еще как - as if there were no tomorrow.

[14] Положительное сальдо платежного баланса - balance of payments surplus.

АВГУСТ

СОВЕТСКИЙ СОЮЗ: ЕГО РОЛЬ В МИРЕ

Советский Союз проходит через трудную, труднейшую полосу своей истории. Экономический, социальный, политический, духовный кризисы терзают, изнуряют наше общество. Да, Советский Союз «потерял» Восточную Европу,[1] смирился с ликвидацией Организации Варшавского Договора и Совета Экономической Взаимопомощи,[2] проиграл войну в Афганистане,[3] сокращает свое присутствие в Эфиопии, Анголе, Мозамбике[4] и т. п.

Все это так. Однако я не уверен, что указанные факты и факторы позволяют сделать вывод об эрозии международного статуса СССР. Как это ни парадоксально, но, по-моему, дело обстоит как раз наоборот. В последние годы к Советскому Союзу стали относиться с гораздо большим уважением, чем раньше. И это результат существенного, длящегося уже несколько лет обновления советской внешней политики.

Но прежде чем говорить об обновлении, хотелось бы напомнить о том, что статус «сверхдержавы» Советский Союз получил отнюдь не за экономические успехи или социальные достижения. «Сверхдержавой» нас сделал огромный ракетно-ядерный потенциал. И только. Не случайно нашу страну язвительно именовали «Верхняя Вольта с ракетами». Как это ни горько, но так оно и было. И тут — несмотря на ограничения и сокращения — ничего не изменилось.

Что же изменилось? На нас стали смотреть с меньшим страхом, с меньшей неприязнью. Вот тут сработал эффект обновления.

Конкретно это означает, во-первых, что советское правительство отказалось использовать военную силу в качестве инструмента внешней политики. Ведь, абстрактно говоря, мы могли бы, опираясь на опыт 1956 и 1968 годов,[5] предотвратить «потерю» Восточной Европы. Танков и десантников хватило бы. Был бы, разумеется, грандиозный скандал, разрядка разлетелась бы вдребезги, мы снова превратились бы в чудовищного монстра. Политическое руководство страны отвергло этот путь.

Во-вторых, мы пошли навстречу Западу, приняв американский подход к глубокому контролю над всеми соглашениями по сокращению вооружений. Это позволило перейти от бесплодных препирательств к реальному прогрессу, к разоружению, которое начинает делать мир более спокойным.

Мы, в-третьих, стремимся применить этические, нравственные критерии для оценки политических акций, утвердиться в том, что цель не оправдывает средства. Получается не сразу и не всегда...

Наверное, можно было бы добавить и в-четвертых, и в-пятых, и т. д. Но и сказанного достаточно, чтобы понять, почему нас стали меньше бояться, к нам стали лучше относиться, нам стали больше доверять. И в таком контексте утверждения об «эрозии» международного статуса СССР представляются сомнительными.

...У нас есть наша собственная «похоронная команда». Я имею в виду шумную кампанию, которая уже похоронила Советский Союз как великую державу, которая обвиняет политическое руководство страны в проведении капитулянтской внешней политики, отбросившей страну куда-то на периферию мировой политики.

Пустое все это. Ностальгия. Привычка отождествлять «величие» с большим кулаком, которым грозят, а то и пускают в ход. От такого «величия» мы уходим сознательно и, уверен, уйдем. Хаос в стране — не причина пересмотра методов и целей. Он лишь ускоряет, подталкивает этот процесс, заставляет снижать военную нагрузку на народное хозяйство.

Беда в том, что обновление внутренней политики, реальные экономические реформы существенно отстают от обновления, перестройки политики внешней. Если иметь в виду эффективность нашей экономики, ее вовлеченность в научно-технический прогресс, то Советский Союз превратили в «третьеразрядную державу» («Верхняя Вольта»!) задолго до перестройки. Чтобы изменить «разряд», нужно создать современную, ориентированную на потребление экономическую систему. Только так мы сможем занять в мировой экономике место, соответствующее нашему месту в мировой политике. На это потребуется, видимо, несколько десятилетий.

Александр БОВИН,
политический обозреватель «Известий».
(«Неделя» № 33, 1991 г.)

Вопросы:

1. Какие факты перечисляет автор в связи с утверждением, что Советский Союз «проходит через трудную, труднейшую полосу своей истории»?
2. Почему он не согласен с выводом об эрозии международного статуса СССР?
3. Как страна получила статус «сверхдержавы»?
4. Что изменилось за годы перестройки?
5. Как Бовин возражает тем, кто обвиняет руководство страны в утрате ее «величия»?
6. Что, по его мнению, нужно, чтобы страна была действительно великой?

Задание:

Обсудите тему: «Эрозия международного статуса Советского Союза при Горбачеве».

ЗАЯВЛЕНИЕ А. ЯКОВЛЕВА[6] В ПАРТКОМ ЦЕНТРАЛЬНОГО КОМИТЕТА

Вчера, 15 августа, по радио я услышал сообщение о том, что ЦКК[7] приняла рекомендацию об исключении меня из рядов КПСС. Никто со мной по этому вопросу не беседовал. Оскорблено мое личное достоинство и грубо попраны элементарные права члена партии.

Конечно, неожиданностью для меня это не является, ибо в течение последних четырех-пяти лет шли бездоказательные нападки на мою политическую деятельность на Пленумах ЦК КПСС, РКП,[8] в средствах массовой информации, переросшие после XXVIII съезда[9] в организованную и координируемую аппаратом ЦК КПСС травлю.

Но дело не только в этом.

Я хотел бы предупредить общество о том, что в руководящем ядре партии сложилась влиятельная сталинистская группировка, выступающая против политического курса 1985 года[10] и тем самым тормозящая общественный прогресс в стране.

Речь, в сущности, идет о том, что партийное руководство, вопреки своим же декларациям, освобождается от демократического крыла в партии, ведет подготовку к социальному реваншу, к партийному и государственному перевороту.

В этих условиях считаю, что служить делу демократических преобразований в рамках КПСС уже невозможно и аморально, а поэтому заявляю о выходе из ее рядов.

Так велит мне моя совесть.

(«Комсомольская правда» 17 августа 1991 г.)

Вопросы:

1. Как Яковлев узнал о том, что его собираются исключить из КПСС?
2. Почему это не было для него неожиданностью?
3. О чем он хочет предупредить общество?

ВСТРЕЧА СОВЕТСКОГО РУКОВОДСТВА С ЖУРНАЛИСТАМИ

19 августа в пресс-центре МИД СССР состоялась пресс-конференция Г. И. Янаева. В ней приняли участие О. Д. Бакланов, Б. К. Пуго, В. А. Стародубцев, А. И. Тизяков.[11]

В кратком заявлении Г. И. Янаев подчеркнул, что приступил к временному исполнению обязанностей Президента в связи с невозможностью по состоянию здоровья исполнения М. С. Горбачевым обязанностей Президента СССР — на основании статьи 127 Конституции СССР.

Я обращаюсь к вам, дамы и господа, товарищи, в ответственный для судеб Советского Союза и обстановки во всем мире момент, сказал он. Вступив на путь глубоких реформ и пройдя в этом направлении значительный отрезок, Советский Союз сейчас оказался перед глубоким кризисом, дальнейшее развитие которого может поставить под вопрос как сам курс реформ, так и привести к серьезным катаклизмам в международной жизни.

Не является секретом, что резкое падение производства в стране, не восполняемое пока деятельностью альтернативных промышленных и сельскохозяйственных структур, создает реальную угрозу дальнейшему существованию и развитию народов Советского Союза.

В стране возникла обстановка неуправляемости и многовластия. Все это не может не вызывать широкого недовольства населения. Возникла также реальная угроза дезинтеграции страны, развала единого экономического пространства, единого пространства гражданских прав, единой обороны и единой внешней политики.

Нормальная жизнь в этих условиях невозможна. Во многих районах СССР в результате многонациональных, межнациональных столкновений льется кровь, распад СССР имел бы самые тяжелые не только внутренние, но и международные последствия. В этих условиях у нас нет иного выбора, кроме как принять решительные меры, чтобы остановить сползание страны к катастрофе.

И. о. Президента[12] СССР напомнил журналистам, что для управления страной и эффективного осуществления режима чрезвычайного положения принято решение образовать Государственный комитет по чрезвычайному положению.

(ТАСС)[13]
(«Советская Россия» 20 августа 1991 г.)

Вопросы:

1. Как Янаев объяснял тот факт, что он исполняет обязанности Президента?
2. Чем, по его словам, опасно дальнейшее развитие кризиса, перед которым оказался Советский Союз?
3. О каких признаках этого кризиса в области экономики и политики говорил Янаев?
4. Что он считал невозможным в этих условиях?
5. Что было создано для управления страной?

ВВЕДЕНО ЧРЕЗВЫЧАЙНОЕ ПОЛОЖЕНИЕ

Чрезвычайное положение... предусматривает ряд специальных мер. К ним, в частности, относятся: запрет на проведение собраний, митингов, уличных шествий, демонстраций, а также зрелищных, спортивных и других массовых мероприятий; особый порядок назначения и освобождения от должности руководителей предприятий, учреждений и организаций, запрет на проведение забастовок; ограничение или запрет на использование множительной техники, а также радио, телепередающей аппаратуры, видеозаписывающей техники; установление контроля за средствами массовой информации; введение особых правил пользования связью; приостановление действия политических партий, общественных организаций, массовых движений, самодеятельных объединений граждан, препятствующих нормализации обстановкиь; проверка документов в местах скопления граждан и т. д.

(«Известия» 20 августа 1991 г.)

Вопросы:

Что было предусмотрено ввести а) на улицах, б) на предприятиях, в) в средствах массовой информации, г) в области деятельности политических партий и общественных организаций?

В УСЛОВИЯХ ЧРЕЗВЫЧАЙНОГО ПОЛОЖЕНИЯ

Москва живет в условиях чрезвычайного положения.

Вечером 19 августа мы побывали у здания Дома Советов РСФСР, окрещенного в народе Белым домом. Сооружались баррикады со стороны набережной Москвы-реки, моста, а также всех автомагистралей. Все подходы были перегорожены троллейбусами, автобусами, перевернутыми грузовиками, садовыми скамейками.

Примерно в 10 часов вечера по громкоговорителю было объявлено, что несколько танков Таманской дивизии,[14] стоявших на подходе к автомосту через Москву-реку, верны Российскому правительству, они двинулись к зданию Дома Советов с российскими флагами[15] на антеннах. Как сообщил нам руководитель пресс-службы Президента России П. Вощанов, «часть воинов Тульской военно-десантной дивизии[16] и некоторых других формирований поддерживают российское правительство».

На многих бронемашинах мы видели наклеенные листки с текстом Указа Президента РСФСР, в котором он гарантирует правовую защиту и моральную поддержку всем сотрудникам правоохранительных органов и военнослужащим, не желающим наступления диктатуры.[17]

В полдень на Советской площади перед зданием Моссовета[18] состоялся многотысячный митинг, явившийся ответом москвичей на введение чрезвычайного положения в столице. На нем с осуждением действий ГКЧП[19] выступили А. Яковлев, Э. Шеварднадзе, Г. Попов, С. Станкевич.[20]

Днем 20 августа состоялась встреча исполняющего обязанности Председателя Верховного Совета РСФСР Р. Хасбулатова, вице-президента РСФСР А. Руцкого и Председателя Совмина РСФСР И. Силаева[21] с Председателем Верховного Совета СССР А. И. Лукьяновым.[22] Выдвинутые требования руководства России сводились к непризнанию созданного Комитета по чрезвычайному положению, к отмене всех ограничений на деятельность российских средств массовой информации. Было заявлено о необходимости отвода войск из Москвы, организации встречи с М. С. Горбачевым.

По сообщению Российского информационного агентства, А. Лукьянов обещал обдумать эти требования.

А. ВАСИНСКИЙ, Г. ШИПИТЬКО.
(«Известия» 20 августа 1991 г.)

Вопросы:

1. Как выглядели улицы у здания парламента России вечером 19 августа?
2. Что было объявлено по громкоговорителю примерно в 10 часов вечера?
3. Что сообщил корреспондентам руководитель пресс-службы Ельцина?
4. Что можно было прочитать на листках, которые корреспонденты видели на многих бронемашинах?
5. Как корреспонденты называют митинг перед зданием Моссовета?
6. Чего требовали руководители России на встрече с Лукьяновым?
7. Как он реагировал на это?

МОСКВА: НОЧЬ ВТОРАЯ

Более 70 тысяч москвичей собрались в эту пасмурную ночь на Краснопресненской набережной, и шесть бронетанковых колонн, которые всю ночь маневрировали вокруг здания Верховного Совета РСФСР, не осмелились пойти на штурм.

Каждый, кто приходил сюда в эту ночь, оказывался в атмосфере удивительной теплоты и сердечности, которая неизбежно возникает между людьми, близкими по духу, помыслам, объединенными нависшей общей опасностью. Кроме того, он сразу убеждался, что руководители России вовсе не намерены отсиживаться за спинами безоружных сограждан. Напротив, по громкоговорителям настойчиво звучала просьба соблюдать спокойствие, ни в коем случае не оказывать активного сопротивления военным, пропускать танки и бронетранспортеры в случае их приближения, не пытаясь образовывать «живые баррикады».

Как мы вскоре убедились, оборона здания состояла из трех линий — каждая со своими задачами и средствами. Внешнюю линию, наиболее массовую, составляли все мы, простые люди, пришедшие сюда по призыву законной власти и велению гражданского долга. Стоя плечом к плечу, взявшись за руки, мы образовали примерно 35—40 живых колец, опоясавших Белый дом России. Вторая линия — крепкие молодые мужчины, безоружные, как и мы, однако знающие друг друга и заранее прошедшие инструктаж. Это были отряды по сто человек во главе с командирами. Отряды были образованы в самые последние дни по решению депутатов российского парламента. Наконец, третьим и последним рубежом обороны стали профессионалы из охраны Верховного Совета РСФСР, московской милиции, в том числе и из отрядов особого назначения, офицеров армии и КГБ, вооруженных штатным стрелковым оружием.[23]

Примерно в половине второго ночи со стороны Калининского проспекта раздалась пулеметная очередь. И вслед за тишиной, нарастая, громом загремели скандируемые слова: сначала «По-зор!», а затем «Рос-си-я!»

Конечно, мы, журналисты, люди разные, и впечатления у нас могут не совпадать. Но если можно говорить о высокой чести профессии, то ее в эту ночь блистательно продемонстрировали известные по программе «Взгляд»[24] Александр Любимов и Александр Политковский. Они вели непрерывный живой репортаж по радио в течение 14 часов. Они сообщали о передвижении войск вокруг «Белого дома» России, о реакции за рубежом и внутри страны, о позициях органов власти, отдельных лиц, о сиюминутных нуждах обороны и системе подручной защиты от газа «Черемуха»,[25] они были четки, спокойны, а в самые трудные минуты призывали на помощь добрый, благородный юмор, и цепенящая тревога разряжалась добрым смехом.

Самой трудной была минута, когда по радио сообщили, что на Калининском проспекте погибли люди. Вот информация корреспондента «Известий» Е. Пискунова.

Рядом со зданием посольства США в Москве там, где Садовое кольцо уходит в туннель под Калининским проспектом, была устроена еще одна баррикада. Когда примерно в половине второго ночи по Садовому кольцу шла колонна боевой техники Таманской дивизии,[26] у одной из бронемашин под № 365, либо 563 (номер был плохо виден, а очевидцы запомнили две разные комбинации цифр) открылся задний люк. Туда прыгнул прямо на броню молодой парень в высоких коричневых ботинках. Изнутри прозвучала автоматная очередь. Парень был убит наповал и повис на броне. Второй человек бросился к бронемашине, говорили, что он хотел снять товарища с люка и попал под гусеницы.

Их имен не знали, на вид парням было не больше двадцати пяти лет.

Когда бронеколонна, войдя в туннель, замедлила там движение, очевидцы трагедии, а среди них были и те, кто имел бутылки с бензином, заткнутые ватой, бросили две бутылки в бронемашину. Она загорелась. Военнослужащие успели покинуть БМП.[27]

Двоих погибших забрала машина «Скорой помощи».

Другая часть таманцев — первый батальон этой дивизии, решивший охранять здание парламента России, стояла в районе Кутузовского моста. Пять танков под командованием майора Евдокимова заняли позиции около гостиницы «Украина». Перед ними и позади них были устроены баррикады из грузовиков, троллейбусов, камней и арматуры,[28] стояли живые цепи.

В троллейбусах спешно готовили ватно-марлевые повязки и раздавали противогазы. Выстроившиеся перед баррикадой цепью женщины держали перед собой большой транспарант: «Солдаты, не стреляйте в своих матерей и сестер».

Вместе с представителями многих средств массовой информации, включая и запрещенные ГКЧП,[29] в самом здании и среди его защитников находилось много корреспондентов зарубежных изданий, радио- и телекомпаний. Высказывалось соображение о неизбежности возобновления глушения зарубежных радиостанций.[30] Иначе трудно представить, зачем глушилки включились в активную работу по подавлению передач «Эхо Москвы».[31]

Согласно сообщениям этой станции, Президент РСФСР Б. Н. Ельцин, который взял на себя исполнение обязанностей главнокомандующего на всей территории Российской Федерации, в течение этой ночи связывался по телефону с руководителями республик и зарубежных государств, включая президента Дж. Буша, премьер-министра Великобритании Дж. Мейджора, руководителей Украины, Казахстана, республик Прибалтики, краев и областей РСФСР.

Уже светало, когда передали, что в ответ на телефонный звонок госсекретаря РСФСР Г. Бурбулиса[32] председатель КГБ и член ГКЧП В. Крючков[33] сказал, что «город может спать спокойно».

Но город уже проснулся, и шесть бронированных колонн, унеся, самое малое, три жизни, удалились за его пределы. До следующей ночи?

И. АБАКУМОВ, В. ГАВРОЧКИН, В. НАДЕИН.
(«Известия» 21 августа 1991 г.)

Вопросы:

1. В какой атмосфере оказывался каждый, пришедший в ту ночь к зданию парламента России?
2. Какая просьба повторялась по громкоговорителю?
3. Из каких трех линий состояла оборона здания?
4. Какую роль играли в эту ночь журналисты «Взгляда»?
5. Что произошло на Садовом кольце у входа в туннель?
6. Какие сообщения радиостанции «Эхо Москвы» глушили путчисты?

ЗАПОМНИМ ВСЕХ, ОБДУМАЕМ ВСЕ

Конечно, есть основания для удовлетворения. Демократия оказалась более сильной, чем ожидали ее противники, более зрелой, чем думали в тревоге даже ее сторонники. Есть основания порадоваться. Но не стоит тратить на это время. Не отступила ни на миллиметр ни одна из тех забот, что глодали нас перед путчем. Прибавилось только ясности: какова природа наших бед и как от них избавиться. Впрочем, нет. Яснее стало только, каким путем от них нельзя избавляться. Ясно стало, что не может помочь — может только погубить нас путь чрезвычайщины,[34] которой давно требовали некоторые и от которой всегда предостерегали люди здравого смысла.

На что рассчитывали люди вчерашнего дня? Они верно заметили, что реформы буксуют,[35] что демократия проявляет слабость... Они не ошиблись, подумав, что народ недоволен своим положением и недоволен справедливо. Ошибка у них была только одна, для них роковая: недовольство народа политикой Горбачева они отождествили со своим недовольством. Не в силах были понять, что демократия и реакция недовольны по-разному. Реакция недовольна реформами, народ недоволен запаздыванием реформ и их малой результативностью.

Теперь реформы продолжатся иначе. Не знаю, лучше ли, но определенно — не так, как до сих пор. Кончилось шестилетие великого компромисса Горбачева, которое несомненно войдет в историю как одна из самых удивительных эпох в жизни нашей удивительной страны. Гений согласия, Горбачев шаг за шагом медленно проталкивал вперед в одной упряжке силы самые непримиримые, находил общие интересы даже там, где никто их не видел. Эта политика дала результаты, превосходящие все ожидания. И все же у нее есть свой предел. Сам факт путча подтвердил, что этот предел перейден. Компромиссом были недовольны обе стороны — и демократия, и реакция. Очень характерно — и очень важно это сейчас зафиксировать, — что демократия, располагая явно превосходящими силами, все-таки не нарушила компромисс, ценя гражданский мир выше темпов реформ. И это правильно, потому что гражданский мир сам по себе есть ценнейшее достижение политики реформ. Не демократия нарушила шестилетнее согласие — его нарушила реакция. И дальнейшая политика нашего компромисса с реакцией стала отныне невозможна.

Отто ЛАЦИС.
(«Известия» 22 августа 1991 г.)

Вопросы:

1. Что стало ясно после путча?
2. В чем были правы и в чем ошибались организаторы путча?
3. Как автор оценивает политику Горбачева?
4. Почему это не могло больше продолжаться?

И ВСЕ-ТАКИ ГОРБАЧЕВ НЕ МОГ НЕ ДОГАДАТЬСЯ О ГОТОВЯЩЕМСЯ ПЕРЕВОРОТЕ

В Москве сносят памятники Ленину и Марксу, ЦК КПСС — штаб-квартира коммунистов, откуда они управляли этой страной 73 года, — опечатан депутатами Моссовета. Михаил Горбачев покинул пост генерального секретаря ЦК КПСС. Партийное имущество фактически перешло под контроль муниципальных органов власти.

Год, полгода назад большинство людей не верили, что такое возможно.

Сегодня происходит — мирными средствами, после подавления путча, — радикальное изменение и государственного строя, и общественной системы в СССР. От тоталитарно-коммунистического государства к демократическому, основанному на рыночной экономике.

Но пока меня волнуют другие вопросы. Очень конкретные. И первый из них — знал ли все-таки Горбачев о заговоре? У меня практически нет сомнений, что по крайней мере догадывался.

И вообще трудно предполагать, что Горбачев, с его хитростью, позволявшей ему последние полтора года, несмотря на катастрофический ход событий, оставаться на плаву путем постоянного лавирования между правыми и левыми, не понимал, что́ вокруг него происходит. Не понимать мог только полный идиот. Однако этого о Горбачеве не скажешь.

Конечно, абсурдно предполагать, что Горбачев — организатор и прямой участник заговора. Я думаю, что запутавшийся в своих собственных политических интригах Горбачев по своей привычке просто выжидал, как повернутся события. Это выжидание в отпуске и стимулировало заговорщиков перейти в воскресенье к активным действиям.

То, за что боролся Горбачев — сохранение Союза, — в результате его «дипломатических» хитростей, а не решительных действий против правых, в конечном итоге рухнуло. В результате путча и неумного поведения президента СССР после его разгрома[36] о своей полной независимости заявили не только республики Балтии, но и Украина.

Таким образом, политика Горбачева последних полутора-двух лет привела к краху идеи нового Союза и поставила страну, а заодно и весь мир, на грань катастрофы. Никто пока не знает, в чьих конкретно руках находилась три дня путча ядерная кнопка СССР. Если президенту так легко можно отрезать связь с миром и отобрать у него ядерный пульт, то этот президент не понимает или даже не способен понимать, какую ответственность несет он на своих плечах.

26 августа в Москве открылась сессия Верховного Совета СССР, управлявшегося одним из «друзей» Горбачева Лукьяновым, по общему мнению — идеологом заговора, не вошедшим, правда, в состав членов ГКЧП. Напуганные «народные депутаты» примут, разумеется, то решение, которое будет диктоваться им почти всесильным сегодня российским руководством.

Скажет ли на сессии всю правду Горбачев? Разумеется, нет. Теперь это беспомощный человек, нужный Ельцину только как символ восстановленной конституционности. Так или иначе, Горбачев, не желавший ранее уйти в отставку с почетом, чтобы помочь демократам в мирном переходе к ним власти, теперь (я думаю, очень скоро) уйдет с позором.

Судя по всему, никакой Союзный договор в ближайшее время подписан не будет, тем более, что без Украины[37] это уже совсем иной Союз.

Виталий ТРЕТЬЯКОВ.
(«Независимая газета» 27 августа 1991 г.)

Вопросы:

1. Какие радикальные перемены происходили после путча?
2. Что вообще трудно предполагать?
3. В чем Третьяков видит вину Горбачева?
4. Какое дальнейшее развитие событий он предсказывает?

Задание:

Обсудите тему: «Как Горбачев стал одновременно и виновником путча, и главной причиной того, что этот путч провалился?»

СССР БОЛЬШЕ НЕТ...

Путч, а точнее, сама возможность его организации здесь, в центре, окончательно убедил республики в том, что сверх-централизация власти опасна для самого их существования. И они спешно стали принимать меры самозащиты.

Вот сообщения, переданные 25 августа информационными агентствами и нашими корреспондентами.

* Независимость Украины и образование самостоятельного украинского государства провозгласил на внеочередной сессии Верховный Совет УССР. Решено 1 декабря провести республиканский референдум о подтверждении акта провозглашения независимости. Глава республиканского парламента Л. Кравчук призвал к пересмотру текста Союзного договора и предложил в нынешней ситуации его не подписывать.

* Верховный Совет Казахстана внес в Конституцию республики дополнения, касающиеся создания Совета безопасности Казахской ССР. Кабинету министров республики поручено принять необходимые меры по расширению самостоятельной внешнеэкономической деятельности Казахстана, формированию своего золотого, алмазного и валютного фонда, обеспечению информационной самостоятельности республики.

* Президиум Верховного Совета Узбекистана начал подготовку проекта закона о государственной независимости республики. Президент Узбекской ССР И. Каримов подписал указ, в соответствии с которым МВД и КГБ республики передаются под юрисдикцию Узбекской ССР.

* Президент Кыргызстана А. Акаев подчеркнул, что теперь Союзный договор нуждается в более тщательной доработке. По мнению Президента Кыргызстана, у республики должно быть больше прав. А. Акаев заявил о необходимости создания в республике национальной гвардии.

На наших глазах рождаются новые государства...

И здесь хотелось бы вернуться на мгновение в прошлое. Всем, за исключением разве сторонников Алксниса и Блохина,[38] давно стало ясно, что старый Союз никого не устраивает. Но пойти на его демонтаж? Перед этим останавливались многие. Родилась достаточно неопределенная формула — обновленный Союз. Но какова суть этой формулы? Конфедерация? Содружество? Ассоциация? Центр, отставая от политических реальностей, маневрировал, пытаясь свести обновление к чисто косметическим мерам. Проводил всесоюзный референдум,[39] сформулировав основной его вопрос так, что понять, за какой Союз нам предстоит голосовать, было крайне трудно.

Последней попыткой договориться были ново-огаревские встречи.[40] Мучительно трудно шел этот процесс — расставание с империей. 20 августа договор должен был быть подписан. В самый канун его подписания, за часы до путча А. Лукьянов составляет свое заявление, требуя доработки, переделки договора.[41] Это был очень нужный заговорщикам документ, использованный ими как политическое обоснование мятежа.

Ситуация после путча, конечно же, делает предложенный к подписанию договор во многом документом вчерашнего дня.

Ю. ОРЛИК.
(«Известия» 26 августа 1991 г.)

Центр, с которым в течение последнего года упорно (и не очень) боролись республики, пал. Той страны, что была еще 18 августа, уже нет и не будет. Положение усугубляется тем, что страна распадается не только на различные национальные составные, а на образования с разным политическим и экономическим устройством. В Туркмении, Таджикистане и Узбекистане «поступаться принципами»[42] явно не торопятся. В Белоруссии и Азербайджане номенклатура, стремительно перекрашиваясь,[43] пытается удержать уже не идеологию, а хотя бы кормило власти. Россия, Кыргызстан и Казахстан, докоммунизировавшись, рвутся встреч рынку. Шесть других — «антиново-огаревских» республик[44] окончательно порвали, видимо, не только со «светлым будущим человечества», но и с «дружной семьей народов».[45]

Реакция распада, тяжелая сама по себе, особо взрывоопасна, когда затрагиваются внутренние границы. Произвольность их начертания практиками ленинской национальной теории на заре новой эпохи, с одной стороны, и демографическая диффузия, с другой, превратили относительно четкие еще столетие назад национальные границы в этническую бахрому. Неосторожные акции сейчас могут привести к тяжелым и, увы, достаточно предсказуемым последствиям.

И, кажется, такой шаг уже сделан. Заявление пресс-секретаря Президента РСФСР[46] насторожило практически всех российских соседей. Но наиболее острая реакция была в двух крупнейших республиках страны — Казахстане и на Украине, где компактно проживает несколько миллионов русских. В Казахстане сразу же вспомнили известный тезис из прошлогодней статьи А. Солженицына «Как нам обустроить Россию».[47] На Украине же, особенно после пояснения Б. Ельцина, что вопрос о пересмотре границ будет ставиться лишь по отношению к тем республикам, которые выходят из Союза ССР, расценили заявление как покушение на свою территориальную целостность и продолжение имперской политики Москвы.

Даже предварительный анализ происходящих в Москве процессов показывает, что за прошлую неделю «Белый дом» прошел три стадии. До вечера 22 августа действия российских властей носили характер защиты Конституции. Вечером 22-го «Белый дом», перейдя в наступление, начал разрушать имперский центр и фактически переступил Конституцию страны. А 26 августа Россия приняла на себя уже функции центра, собирателя земель. Ведь иначе, как давление на республики, провозглашающие свою независимость, расценить это заявление нельзя. Последствия такого шага скорее всего покажут себя уже в ближайшее время. И вряд ли они будут утешительными для разваливающейся страны.

Если путч 19 августа заставил поспешить с провозглашением независимости республики, не собирающиеся подписывать новый Союзный договор, то заявление от 26 августа может оттолкнуть от Союза и тех, кто собирался в нем участвовать.

А. МУРСАЛИЕВ.
(«Комсомольская правда» 29 августа 1991 г.)

Вопросы:

1. В чем окончательно убедил республики путч?
2. Как выражались «меры самозащиты», которые они стали принимать?
3. Как шел процесс «обновления» Союза?
4. Чем он кончился?
5. На какие образования распадается Советский Союз?
6. Что делает этот распад особенно опасным?
7. Как развивалась политика руководства России за неделю с 19-го по 26-е августа 1991 года?

ЦТ:[48] ПУТЧИСТЫ НА ЭКРАНЕ

В эти три дня[49] мы припадали к телеэкрану, как измученный жаждой человек припадает к мутной болотной воде: и дурно пахнет, и опасно для здоровья — и отчаянно хочется пить. Но вот парадокс: три дня экран источал ядовитый бред, но чем больше становилась концентрация яда, тем целительней он воздействовал на наши души.

Стоит только представить себе, что в первый, самый психологически тяжкий день, мы не увидели бы пресс-конференции «могучей кучки»![50] Утром, после первых официальных сообщений, она внушала ужас едва ли не мистический. Казалось, люди, пошедшие на такое, должны быть страшно сильны, а значит, бесконечно уверены в себе, сплочены в единый монолит воли и решительности. Появившись на экране, путчисты сделали страшную ошибку: в несколько минут был разрушен образ, внушавший страх. Косноязычные,[51] жалкие, вразнобой твердившие[52] плохо заученный урок, они абсолютно не соответствовали жанру трагедии, в котором должен был бы разворачиваться замысел государственного переворота. Против ожиданий нам предстали персонажи фарса. Эти люди не заслуживали того, чтобы их бояться, потому что были комичны. Конечно, за ними стояли танки, но личной силы, точней, силы личностей, за ними не было.

Это был крупный просчет и хозяев, и тех, кто им служил на ЦТ: они не учли (и никогда не учитывали) природы телевидения. Легче всего обмануть печатным словом. Тот же текст, но уже звучащий по радио, может породить иное впечатление, если интонация, тон, манера говорить идут вразрез со словом. Зрительный же образ может просто убить слово своим несоответствием с ним. Недаром дрожащие руки «диктатора» и его хлюпающий нос[53] на все лады склонялись[54] и журналистами, и фольклором: увидев столь жалкое создание, можно было и не трудиться вникать в смысл его речей.

Пройдет время, и мы узнаем, кто и как поддержал хунту на телевидении, кто и как ей сопротивлялся... 19 августа Сергей Медведев прорвался в эфир со своим репортажем с площади около Белого дома, в мрачный момент едва ли не всеобщей растерянности, когда большинство предпочитало выжидать. Всего какие-нибудь две минуты эфира, но, может быть, именно тогда у миллионов из нас зародилась надежда: Белый дом борется, значит, еще не все потеряно.

Галина ЧЕРМЕНСКАЯ.
(«Неделя» № 35, 1991 г.)

Вопросы:

1. Что люди думали об организаторах переворота до их пресс-конференции?
2. Что произошло, когда они появились на экране?
3. Почему это появление было крупным просчетом хунты?
4. Какое значение имел двухминутный репортаж Сергея Медведева с площади около Белого дома?

Задание:

Обсудите тему: «Роль средств массовой информации в манипулировании общественным мнением».

---

1 «Потерял Восточную Европу» was the wording used by General Albert Makashov in December 1990 when he accused Gorbachev of not opposing Eastern Europe's break with communism at the end of 1989.

2 Организация Варшавского Договора, the Warsaw Pact, a military umbrella organisation linking the Soviet Union and East Germany, Poland, Czechoslovakia, Hungary, Bulgaria and Romania, created in 1955, was dissolved in July 1991. Совет Экономической Взаимопомощи, Council for Mutual Economic Assistance, or Comecon, organisation for trade and technological co-operation, established in 1948 by the USSR, Bulgaria, Hungary, Poland, Romania, Czechoslovakia and East Germany; later enlarged to include Cuba, Mongolia and Vietnam; dissolved in June 1991.

3 The Soviet Union's military involvement in Afghanistan in support of a communist government lasted from December 1979 to February 1988, when after nine years and over 13,000 casualties Gorbachev announced that Soviet troops would be withdrawn.

4 Soviet support for the revolutionary governments of Ethiopia, Angola and Mozambique dated from 1975-76.

5 In 1956 Soviet troops were used to put down an anti-communist uprising in Hungary, and in 1968 to end the liberal-democratic reforms of Alexander Dubchek known as the 'Prague Spring'.

6 Aleksandr Yakovlev (b.1923) one of the closest allies of Gorbachev in the first years of perestroika, focus of attacks by conservatives at the XXVIII Party Congress in July 1990.

7 ЦКК - Центральная контрольная комиссия, Party body attached to the Central Committee, dealt with matters of Party discipline, appeals against expulsions etc.

[8] РКП - Российская Коммунистическая Партия, set up as separate from the CPSU in June 1990, dominated by conservatives.

[9] At the XXVIII Congress in July 1990 there were heated debates between reformists and conservatives, following which several prominent radicals - Boris Yeltsin, Gavriil Popov, Anatolii Sobchak - left the CPSU.

[10] Reference to Gorbachev's accession to power and the start of perestroika.

[11] The eight members of the State Emergency Committee were: Gennadii Yanaev (b.1937) Soviet Vice-President appointed in December 1990; Valentin Pavlov (b.1937) Prime Minister from January 1991; Marshal Dmitrii Yazov (b. 1923) Defence Minister from 1987; Boris Pugo (b.1937) former KGB functionary in Latvia, replaced the liberal reformist Vadim Bakatin as Interior Minister in December 1990; Vladimir Kryuchkov (b.1924) head of the Soviet KGB from 1988; Oleg Baklanov (b.1932) deputy chairman of the USSR Defence Council; Vasilii Starodubtsev (b.1931) chairman of the Peasants' Union (organisation composed mostly of leaders in the state- and collective-farm sector); Aleksandr Tizyakov (b. 1928) president of the Association of State Enterprises (representing the interests of the military-industrial complex).

[12] И. о. Президента - исполняющий обязанности Президента, acting President.

[13] ТАСС - Телеграфное агентство Советского Союза, official news agency of the Soviet Union, set up in 1925.

[14] Sections of the elite Taman Guards Regiment gave their support to Boris Yeltsin.

[15] The Russian tricolour - white, blue and red - pre-revolutionary Russian flag.

[16] Parachute division stationed at Tula.

[17] Boris Yeltsin issued a number of decrees declaring the attempted coup illegal, its perpetrators - criminals who would be brought to trial; any official who obeyed their instructions would be committing a crime.

[18] Моссовет - Moscow City Council.

[19] ГКЧП - Государственный комитет по чрезвычайному положению.

[20] Aleksandr Yakovlev (see note 6 above); Eduard Shevardnadze (b.1928) Soviet Foreign Minister 1985-90, resigned in December 1990 in protest at conservatives' attacks on him and his, and Gorbachev's, policies; Gavriil Popov (b.1936) prominent radical, mayor of Moscow; Sergei Stankevich (b.1954) historian turned radical politician, member of Moscow City Council.

[21] Ruslan Khasbulatov (b.1942) acting speaker of the Russian parliament from June 1991. Aleksandr Rutskoi (b. 1947) Russia's Vice-President, career officer who had served in Afghanistan, came into politics as defender of the interests of the veterans of that war; became radicalised in the face of conservatives' attacks on Yeltsin, whose side he took in March 1991; ran for vice-president in Yeltsin's presidential campaign; elected on 12 June 1991. Ivan Silaev (b. 1930) Russia's Prime Minister.

[22] Anatolii Lukyanov (b. 1930) old friend of Gorbachev from their Moscow University days, Chairman of the USSR Supreme Soviet from 1990; did not put his name to any of the State Emergency Committee's documents, but was thought to have been the moving force behind the coup.

[23] Штатное стрелковое оружие - standard-issue firearm.

[24] «Взгляд» (Viewpoint) television programme noted for its frank reporting of politically sensitive issues, banned in December 1990 after a dispute over a programme commenting on Eduard Shevardnadze's resignation.

[25] Система подручной защиты от газа «Черемуха» - improvised protection against tear-gas.

[26] Taman Guards Regiment.

[27] БМП - боевая машина пехоты, armoured personnel carrier.

[28] Арматура - metal rods, material used to reinforce concrete.

[29] ГКЧП, see note 19 above; State Emergency Committee banned all publications with the exception of «Правда» and 5 other Party newspapers, «Советская Россия», «Труд» and «Известия».

30 Глушение - jamming, a system of transmitters broadcasting noise to drown out the BBC Russian Service, Voice of America, Radio Liberty etc.; discontinued in 1987-88.

31 «Эхо Москвы», radio station set up in August 1990 with funds from Moscow City Council and the Russian government; ejected from their studios by armed men, they operated with a makeshift transmitter in Russia's parliament.

32 Gennadii Burbulis (b.1945) Yeltsin's aide and associate from their time in Sverdlovsk.

33 Vladimir Kryuchkov, see note 11 above.

34 Чрезвычайщина - reference to demands by conservatives that Gorbachev use 'extraordinary measures', i.e. force, to deal with separatist republics and other problems.

35 Реформы буксуют - reforms are at a standstill.

36 Upon his return from the Crimea,where he had been held captive by the plotters, Gorbachev continued to speak positively of the Communist Party, unaware of how the situation had changed.

37 Ukraine declared its independence on 24 August, stating that it would not sign any Union treaty until the referendum on independence, which was set for 1 December 1991, had been held.

38 Viktor Alksnis and Yurii Blokhin, leaders of the «Союз» group of deputies which campaigned for retention of an old-style, centralised USSR .

39 Referendum on the future Union was held on 17 March 1991. For the formulation of the question see text «Вопрос, конечно, интересный» in the section «Февраль», pp.17-18.

40 The Moscow suburb of Novo-Ogarevo gave its name to a series of meetings between Gorbachev and republican leaders, the first one being on 23 April 1991, when the "9+1" agreement on the future, devolved Union was signed.

41 Anatolii Lukyanov's (see also note 22 above) objection to the treaty centred on its devolution of tax-raising powers to the republics. He thought this would jeopardise the viability of the centre.

42 «Поступаться принципами» - surrender one's principles, from the title of the 1988 article by Nina Andreeva in which she attacked the Gorbachev reforms for undermining principles of socialism; the phrase came to be used to refer to communist hard-liners.

43 Номенклатура, стремительно перекрашиваясь, refers to Party elites hurriedly donning the mantle of nationalism.

44 Republics which allied against the Novo-Ogarevo plans to rescue the Union were: Estonia, Latvia, Lithuania, Moldavia (Moldova), Georgia and Armenia.

45 «Светлое будущее человечества», «дружная семья народов», cliches referring to communism and the USSR respectively.

46 The statement in question made by Pavel Voshchanov on 26 August was Russia's reaction to Ukraine's declaration of independence.

47 In his article Solzhenitsyn, prominent dissident writer and exile, advocated the creation of a greater Russia based on the Orthodox religion and Russian nationalism, which would include, besides Russia, Ukraine, Belorussia and the Russified parts of Kazakhstan.

48 ЦТ - Центральное телевидение.

49 The three days mentioned were 19, 20 and 21 August 1991.

50 For the composition of the State Emergency Committee see note 11 above.

51 Косноязычный - inarticulate.

52 Вразнобой твердившие - contradicting each other.

53 Хлюпающий нос - runny nose.

54 На все лады склонялись - were on everyone's lips.

СЕНТЯБРЬ

ПОЧЕМУ ПРОВАЛИЛСЯ ПЕРЕВОРОТ

«Потому что Бог спас Россию», «потому что у нас даже переворот толком провести не могут», «потому что Борис[1] такой молодец», «потому что они все недоумки[2]», «потому что «Альфа» не пошла»[3], «потому что народ не позволил»...

Через разнообразие мнений, однако, проходит водораздел. Нет, не «за» или «против» ГКЧП,[4] а более существенный. Одни верили, что закономерным было бы восстановление «настоящей Советской власти», и это не удалось по случайности. Другие считали, что время этой власти вышло и, напротив, лишь по случайности ее реставрация могла удаться, да и то ненадолго. Старый спор. Одни (с грустью или без грусти) твердят, что вечный удел России — деспотия. Другие (с радостью или без радости) признают, что Россия двинулась к демократии.

Идеологи путча полагали, что танки и комендантский час[5] уймут кучку «экстремистов»,[6] а основная или главная часть населения («настоящие советские люди») поддержит возврат к старому. Но соотношение этих сил чеписты[7] оценили неверно. По распространяемым агентством «Дата» данным ВЦИОМ,[8] 20 августа не более 18% горожан России ожидали, что приход ГКЧП к власти улучшит экономическое положение в стране. (К 24 августа среди горожан осталось 7%, испытавших «огорчение» в связи с отменой чрезвычайного положения.)

В народе, который, как считали иные, ждет только «сильной руки», давно проявились иные силы и настроения.

Еще в декабре 1990 года ВЦИОМ установил, что готовы поддержать «меры чрезвычайного характера для наведения порядка в стране» около 20% населения Союза, но более половины с этим не согласятся. (Люди обсуждали перспективу, которую считали достаточно реальной: отставку правительства СССР в течение 1991 года предвидели ни много ни мало 52% населения.) При этом положительно отнеслись к тому, чтобы «в нынешней ситуации военные взяли власть в свои руки и обеспечили порядок в стране» те же 22%, отрицательно — 58%.

Мы повторили вопрос о диктатуре в январе 1991-го. Не видели угрозы только лишь 16%, а среди внявших Шеварднадзе[9] более половины считали, что она исходит от партаппарата, четверть — что от армии.

Во всех этих случаях выяснилось, что сторонники «порядка» — это, если не считать определенной доли членов КПСС, в основном малообразованные пожилые люди.

Этот слой не воспроизводит себя, и еще скорее, чем уходит из жизни, он уходит с общественной сцены. Вошли же на нее и точно указали, по какую сторону баррикад их место, люди молодые и свободные. Им этот «порядок» не нужен. А своих братьев в танках они не испугались.

На второй день мятежа в оккупированной войсками Москве было опрошено 1.792 москвича. Три четверти из них допускали, что сейчас начнутся массовые репрессии. Но на вопрос: «Считаете ли Вы деятельность ГКЧП законной» ответили «да» лишь 13%, а 73% сказали «нет».

Алексей ЛЕВИНСОН.
(«Известия» 2 сентября 1991 г.)

Вопросы:

1. Какой «старый спор» воспроизводит автор?
2. Что полагали идеологи путча?
3. Каково было действительное соотношение сил 20-го августа?
4. Что установил ВЦИОМ в декабре 1990 года о сторонниках чрезвычайных мер?
5. Какие социальные группы населения были на стороне порядка?
6. Почему автор не считает их опасными?

ДОНОСИТЕЛЬСТВО[10] — ПОРОК РЕЖИМА

Не успели отгреметь фанфары победы, как общество захлестнула эпидемия всеобщей подозрительности. Мэрии, исполкомы[11] завалены доносами. Люди обвиняют друг друга. Обвиняют всех и вся: виновных и невиновных, друзей и сослуживцев,[12] сводят старые счеты... Общество разделилось на две категории: на тех, кто считает себя вправе задавать сакраментальный вопрос: «Где ты был 19 августа?»[13] — и тех, кто вынужден на него отвечать. Достается всем. Даже тем, кто в те трагические дни просто жил своей жизнью: ходил по магазинам, гулял с детьми, работал, болел, рожал, умирал, наконец. Вспоминается забытый шукшинский[14] вопрос: «Что с нами происходит?» Его же задает и известный писатель, народный депутат СССР Фазиль Искандер.[15]

— Доносительство — продукт общества, где у человека нет ни гражданского, ни человеческого достоинства. Идеальный тоталитарный режим — это такой режим, где начальство — отец, а граждане — дети. Дети жалуются отцу на плохое поведение других детей.

Такие жалобы систему лишь укрепляют. Имея в руках эти жалобы, большой начальник держит в страхе малых начальников и может ими манипулировать.

Обилие доносов в нашем обществе — не столько попытка исправить, улучшить работу команды на корабле, сколько иллюзорная попытка получить право на место в шлюпке в случае кораблекрушения.

Я не буду говорить о доносах злобных, клеветнических. При всей их подлости у них та же незрелая, детская природа. Природа испорченных детей. До сих пор мы жили в бесправном обществе. Бесправие личности уравновешивается ее безответственностью, а безответственность продиктована идеологией.

Но человек с освобожденной совестью никогда не останавливается на тех пределах, которые ему спущены[16] идеологией. Он идет дальше. Например, идеология нигде не говорит, что можно воровать. Но человек смутно догадывается, что сама идеология — воровство. Идеология нигде не говорит, что можно клеветать. Но человек догадывается, что сама идеология есть клевета на человеческую природу. Отсюда всеобщий разврат. И доносительство — часть этого разврата.

Демократия — восстановление человека в его правах. Человек — центр всего, и, когда демократические учреждения помогут ему поверить в это, он будет восстанавливать правду и справедливость там, где она действительно нарушена.

(«Российская газета» 4 сентября 1991 г.)

Вопросы:

1. На какие категории разделилось общество после путча?
2. Что говорит Фазиль Искандер о тоталитарном режиме?
3. Как это укрепляет систему?
4. К чему, по мнению автора, ведет бесправие личности?
5. Как это развращает людей?

НА ВНУТРЕННИХ ФРОНТАХ

После некоторого затишья, связанного с путчем, вновь обострилась обстановка на внутренних фронтах. Похоже, страна вступает в новый виток гражданской войны.

По-прежнему неспокойно на армяно-азербайджанской границе. Парламент Азербайджана расценил провозглашение Нагорно-Карабахской Армянской Республики[17] как «грубое нарушение Конституции и политическую провокацию». Мнение же Армении на сей счет диаметрально противоположное. Сводки информационных агентств двух республик еще более запутывают и без того сложную ситуацию. К примеру, «Туран» из Баку сообщает, что достигнута договоренность о восстановлении телефонной связи между азербайджанским селом Шараг и армянским Гарачинар для улучшения обмена информацией и обеспечения безопасности осенних сельхозработ. «Арменпресс» эту информацию опровергает и утверждает, что село Гарачинар вновь подвергается интенсивному обстрелу из Азербайджана.

На неопределенный срок отложены занятия в школе азербайджанского села Шафаг, так как накануне здание было разрушено в результате обстрела из тяжелых орудий.

Обострилась обстановка и в Молдове. Она провозгласила свою независимость от Союза, а Приднестровье объявило себя независимым от Молдовы.[18] Сразу же начались аресты и санкции против сепаратистов. Те, в свою очередь, приняли контрмеры, блокировав железную дорогу, ведущую из центра в Кишинев. Над столицей нависла угроза отключения газа, тепла и электроэнергии. Защищая независимость Молдовского государства, Президент М. Снегур издал Указ о создании вооруженных сил республики. В Молдове объявлено о решении кишиневских властей вывести советские войска из республики.

Не утихают страсти в Южной Осетии.[19] Для выяснения отношений стороны используют крупнокалиберные пулеметы и гранатометы. Растет число беженцев как с осетинской, так и с грузинской стороны.

А вот и новая особенность летне-осенней кампании: наряду с межнациональным вооруженным противостоянием все четче проявляются элементы гражданской войны, когда идейные симпатии и антипатии грозят разделить иные народы на два противоборствующих лагеря.

В Тбилиси митингуют сторонники Национального конгресса Грузии, требуя смещения Президента З. Гамсахурдиа,[20] обвиняя последнего в национал-большевизме и поддержке ГКЧП.[21] В ответ правительство применяет силу — уже более 20 человек получили травмы, двое доставлены в больницу с тяжелыми пулевыми ранениями. Похоже, что обе стороны намерены достичь своей цели любыми средствами.

Неспокойно в Баку, где на прошлой и этой неделе шли многотысячные митинги с единой повесткой дня — перенос всенародных выборов Президента на более поздний срок и требование отставки лидера республики А. Муталибова.[22]

Нечто похожее случилось раньше в Душанбе, где сторонники народного движения сместили с поста Президента Таджикистана К. Махкамова, выражавшего интересы административно-коммунистического большинства среднеазиатской номенклатуры.

Группа вооруженных людей «национальной гвардии» Чечено-Ингушетии низложила руководителя Верховного Совета республики.[23]

Все вышеперечисленные примеры являют собой уменьшенную модель той гражданской войны, которая всерьез грозила нашей стране в случае победы московских путчистов.

К. БАЯЛИНОВ.
(«Комсомольская правда» 7 сентября 1991 г.)

Вопросы:

1. Как реагировал Азербайджан на провозглашение Нагорно-Карабахской Армянской Республики?
2. Что происходит в некоторых армянских и азербайджанских селах?
3. Какие меры приняли власти Молдовы против приднестровских «сепаратистов»?
4. А какие меры были приняты в ответ?
5. Что происходит в Южной Осетии?
6. В чем обвиняют президента Грузии?
7. Почему неспокойно в Баку?

МИНИСТРЫ ОБОРОНЫ ДЕЛЯТ АРМИЮ

10—11 сентября в Москве прошло совещание руководителей МО СССР с представителями 15 республик бывшего Союза. На нем обсуждалась концепция военной реформы, предложенная маршалом Шапошниковым. Единственным результатом консультаций было решение о создании Комитета по подготовке и проведению военной реформы при Госсовете СССР. Предполагается, что ее возглавит Константин Кобец.

Ныне покойный маршал Ахромеев[24] любил повторять, что «армия у нас вне политики». Теперь это утверждение новый министр обороны Евгений Шапошников[25] положил в основу концепции военной реформы, которую он изложил 10 сентября на встрече с официальными представителями 15 независимых республик в ранге от министра обороны до вице-президента.

«Вариант Москвы», предложенный маршалом Шапошниковым, включает систему разделения ответственности между гражданскими властями и военными. Предполагается, что каждая республика, подобно любому независимому государству, образует собственное министерство обороны, которое будет обеспечивать армию военной техникой, рекрутами, базами, казармами, зимними квартирами, жалованьем и вещевым довольствием. За это вооруженные силы на территории республики будут именоваться национальными и даже носить национальную форму. Оперативное руководство у них должно быть общее — Генеральный штаб, поскольку республиканские МО будут организациями сугубо гражданскими. Деятельность республиканских военных ведомств будет координировать некая союзная, также гражданская власть — Министерство Обороны.

Вокруг «варианта Москвы» среди республиканских делегаций возникли споры. Однако после ночных переговоров о возможности заключения различных межреспубликанских военных союзов оборонщики пришли к компромиссу: союзный принцип предполагается сохранить для республик, которые подпишут союзный договор.[26] Остальным дается право создавать вооруженные силы республиканского подчинения, которые действовали бы в случае необходимости по единому стратегическому плану Союза.

Из-за ядерного оружия решили не ссориться: кнопка системы управления останется в руках союзного МО. При этом по инициативе российской делегации создана специальная комиссия, технически и организационно обеспечивающая проверку санкций на применение ядерного оружия. По наблюдениям главы российской делегации генерала Кобца,[27] демонстрируя друг другу свою лояльность в этом вопросе, республики стремились «укрепить себя в глазах западных коллег», встревоженных переделом советского ядерного запаса.

(«Коммерсантъ» № 37, 1991 г.)

Вопросы:

1. Какое совещание прошло в Москве 10—11 сентября?
2. Какую роль должны были играть республиканские Министерства Обороны?
3. Что получали за это республики?
4. Как вы думаете, о чем они спорили?
5. К какому компромиссу пришли участники совещания?
6. Какое решение было принято насчет ядерного оружия?

---

[1] Борис - Борис Ельцин.

[2] Недоумок - half-wit.

[3] "Alpha" - specially trained, anti-terrorist group of the KGB, was said to have disobeyed orders to mount an attack on the Russian parliament and arrest Yeltsin and other organisers of resistance to the coup.

[4] ГКЧП - Государственный комитет по чрезвычайному положению.

[5] Комендантский час - curfew.

[6] Уймут кучку «экстремистов» - will subdue the few "extremists".

[7] Чеписты, word based on the letters ЧП in ГКЧП, *putschists*.

[8] ВЦИОМ - Всесоюзный центр изучения общественного мнения, Centre for Opinion Research, set up in 1988, noted for its survey research as well as regular opinion polls.

[9] Reference to Soviet Foreign Minister's Eduard Shevardnadze's resignation speech on 20 December 1990 in which he warned of impending dictatorship. See text «Диктатура не пройдет» in the section «Пролог», pp.2-3.

10 Доносительство - informing; especially prevalent in Stalin's time, used to eliminate political dissent.

11 Мэрия, исполком - local government structures, existed in parallel from 1990; исполком - executive committee representing the old-style, communist-dominated Soviets, мэрия - mayor's office, with an elected executive mayor, introduced by the democrats.

12 Сослуживец - fellow employee.

13 19 August was the first day of the attempted coup.

14 Reference to the writer, actor and film-maker Vasilii Shukshin (1929-1974) whose work dealt with psychological and spiritual conflict experienced by people in the countryside adapting to modern ways.

15 Fazil Iskander (b. 1929) author whose Abkhazian origins were reflected in much of his work. His writings, heavily censored in the Brezhnev years, were published in full under glasnost.

16 Спущены - prescribed, determined.

17 Nagorny Karabakh, Armenian enclave in Azerbaijan, declared its independence on 2 September 1991.

18 Trans-Dnestria, region to the east of the river Dnestr, with just over half of its population Russian or Ukrainian. Events there developed in parallel with the rise of Moldavian nationalism. In 1989 there were strikes against the imposition of Moldavian as the republic's official language, and in 1990 Moldavia's (renamed Moldova) declaration of sovereignty was followed by a similar declaration in Trans-Dnestria.

19 South Ossetia, autonomous region within Georgia; its autonomy was abolished by the Georgian parliament in December 1990 following the Ossetians' bid for virtual independence.

20 Zviad Gamsakhurdia (b. 1939) human rights campaigner, leader of Georgia's independence movement, from November 1990 president of Georgia.

21 ГКЧП, see note 4 above.

22 Ayaz Mutalibov (b. 1938) former first secretary of the Party in Azerbaijan, subsequently elected president of Azerbaijan; his support for the State Emergency Committee during the August coup caused riots in Baku.

23 The event was the start of the campaign, led by General Dzhokhar Dudaev, for the Chechen-Ingush republic's independence from the Russian Federation.

24 Marshal Sergei Akhromeev (1923-1991) chief of armed forces, Gorbachev's defence adviser, said to have been unhappy about Gorbachev's unilateral defence cuts; committed suicide after the August coup.

25 Evgenii Shaposhnikov (b. 1942) distinguished himself by not obeying the *putschists'* orders; appointed Defence Minister after the coup.

26 Efforts to keep the republics in some kind of union continued following the last session of the enlarged Soviet parliament, which on 5 September resolved to speed up the preparations for the signing of the Treaty of the Union of Sovereign States. Not included in this proposed Union were Estonia, Latvia and Lithuania, whose independence was recognized by the Gorbachev government on 6 September 1991.

27 Konstantin Kobets (b.1939) organiser of the military side of Yeltsin's resistance to the coup on 19-21 August.

ОКТЯБРЬ

ПРОЩАЙ, ЖУРНАЛЬНАЯ ЭПОХА

Слишком долго чтение заменяло нам жизнь. Мы находили в нем то, чего было лишено наше существование. Литература, иначе именуемая второй реальностью, выступала для многих из нас в этом своем качестве в самом прямом смысле слова. Мы в ней **осуществлялись**,[1] ибо русская жизнь — это всегда реваншистское торжество воображения и пиррова победа **метафизики** над «физикой».[2]

Теперь, похоже, ситуация меняется, хотя и как-то странно: жить мы так и не начали, а вот читать уже перестаем. Для такого утверждения есть и кое-какие эмпирические основания. По данным «Союзпечати»,[3] в августе на журнал «Новый мир» подписались 15 тысяч человек, на «Октябрь» — 10 тысяч, на «Звезду»[4] — 6,5 тысячи (что составляет соответственно 1,6 процента, 5 процентов и 5 процентов от нынешнего уровня подписки). Для сравнения: чтобы литературный журнал не прогорел в условиях рынка, у него должно быть как минимум вдесятеро больше подписчиков. Допускаю, что август как время отпусков, сборов детей в школу и военных путчей — месяц не самый репрезентативный. И все же, боюсь, за оставшиеся сентябрь и октябрь «толстые» журналы недоберут необходимых им для выживания миллионов подписчиков.

Помимо уже названной причины, можно указать еще несколько. Это и заметно активизировавшийся и дифференцировавшийся книжный рынок, успешно конкурирующий с журналами. Это и такой фактор, как существование значительного массива «обязательной», но непрочитанной литературы. Это и изменение функции литературы в обществе: политика, журналистика, история и социология, ныне освобожденные, уже не нуждаются в услугах беллетристики, а это означает, что писателю больше не играть внехудожественной, социальной роли учителя, заступника, оппозиционера. И, наконец, сказывается здесь как общая неуверенность в завтрашнем дне, так и необходимость для многих выбирать нынешней осенью между мешком картошки и подпиской на литературный журнал: книгочей[5] в наших условиях есть зачастую синоним неимущего.[6]

Похоже, мы присутствуем при конце журнальной эпохи русской литературы. «Есть Белинского[7] статья?» — «Есть», — и она поглощалась с лихорадочным сочувствием, со смехом, со спорами... и трех-четырех верований, уважений как не бывало».[8] Модель оставалась практически неизменной с тех пор, как Герцен оставил это свое свидетельство в «Былом и думах».[9] Сегодня она выглядит безнадежно архаичной, нравится нам это или нет. Другая метаморфоза «журнального» сознания: до сих пор художественное произведение, появившееся на книжном рынке без предварительной публикации в «толстом» журнале, не могло рассчитывать на большой читательский успех. Такова российская традиция, исключения из которой немногочисленны. Теперь шансы книжных и журнальных изданий должны сравняться.

Означает ли сказанное, что метафизический русский человек, перестав быть профессионалом духовности, превратится в делового американца, у которого есть особняк и автомобиль, но атрофирована потребность в серьезном чтении, поскольку на эту роскошь не остается ни времени, ни сил? Я все же думаю, что слой мыслящих людей разрушить в России не так-то просто. Не говоря уже о том, что, если жизнь снова обманет, у нас всегда остается возможность реэмигрировать в литературу.

В. МАЛУХИН,
заместитель главного редактора журнала «Октябрь».
(«Известия» 1 октября 1991 г.)

Вопросы:

1. Какую роль играло чтение в прошлом?
2. На какой основе автор делает вывод, что люди перестали читать?
3. Как изменилась функция литературы, писателя в обществе?
4. Какое представление у автора о русском и об американце?
5. Почему он думает, что в России не перестанут читать?

РОССИЙСКИЕ «ЗЕМЛИ»

В пятницу «Российская газета» опубликовала последний вариант Конституции Российской Федерации.[10]

Можно предсказать, практически не боясь ошибиться, что главным камнем преткновения на пути к принятию Конституции станет федеративное устройство РФ. Концепция авторов проекта в общих чертах заключается в том, что субъектами будущей федерации наряду с национальными автономными республиками должны стать российские «земли». Это новое для нашего законодательства понятие подразумевает объединение в крупные, политически самостоятельные образования сопредельных[11] краев и областей, тяготеющих друг к другу исторически, экономически и геополитически, например: Дальневосточная Земля, Уральская, Южнороссийская Земля и т. д. Предполагается, что каждая из земель будет обладать, наряду с национальными республиками,[12] определенной государственной автономией вплоть до принятия собственной конституции, хотя суверенитет будет сосредоточен лишь на уровне федерации в целом. Республики и земли будут обладать и правом делегировать равное число представителей в федеральную палату общероссийского парламента.

Хотя на сегодняшний день не вполне ясны сами принципы образования «земель», неизвестно, сколько их будет, как будут очерчены их границы, однако за общей концепцией авторов проекта видна довольно стройная и основательная попытка от совершенно условного «административно-территориального деления» по прежней схеме шагнуть к действительному, системному государственно-административному устройству Российской Федерации. Одновременно проект стремится создать гарантии против нарушения интересов собственно России в общих федеральных учреждениях, где сегодня объединившиеся автономии способны парализовать ее волю (что, собственно, они и делают, тормозя процесс принятия новой Конституции).

Конечно, федеративная концепция авторов проекта является спорной уже хотя бы в силу своей новизны. Но ряд депутатов и депутатских групп, сосредоточивая критику проекта Конституции на разделе о федеративном устройстве, быть может, руководствуются совсем иными соображениями, например — желанием во что бы то ни стало сорвать конституционный процесс, который все еще разыгрывается по нотам демократов.

Л. НИКИТИНСКИЙ.
(«Комсомольская правда» 15 октября 1991 г.)

Вопросы:

1. Какое федеральное устройство России предлагают авторы проекта новой Конституции?
2. Что подразумевается в понятии «земля»?
3. Чем будут обладать российские земли?
4. Как вы думаете, почему автономии тормозят процесс принятия новой Конституции?

ОКТЯБРЬСКИЙ ТУМАН НАД БУДУЩИМ СОЮЗА

Экономический договор республики, скорее всего, подпишут. Политический по-прежнему под вопросом

После трех августовских дней,[13] окончательно перевернувших представление о ближайшем будущем бывшего Союза ССР, сведения о дальнейшей судьбе проекта Союзного договора были довольно туманными и противоречивыми. Стали даже раздаваться голоса, что ново-огаревскому процессу[14] уже не возродиться и требуется поиск новых форм политического союза суверенных республик, многие из которых успели провозгласить государственную независимость.

К середине октября сложилась довольно парадоксальная ситуация. Де-юре — СССР продолжает существовать, де-факто — СССР в прежнем качестве (и количестве бывших республик) уже нет. Нынче все больше говорится о пространствах: общественно-политическом, экономическом, культурном, научном и т. д. Но оказалось, что и в новом «пространственном мышлении» бывшие субъекты Союза натыкаются на старые углы проблемы: если центра в прежнем виде не будет, то какая из республик станет той осью, вокруг которой будет вращаться политическая и экономическая жизнь суверенных государств, готовых подписать союзническое соглашение?

Россия, похоже, склоняется к тому, что этой осью должна стать самая сильная и крупная республика, то есть она сама. Но то, что очевидно для россиян,[15] не устраивает другие договаривающиеся стороны. Они усматривают в этом попытку воскрешения «старшего брата» со всеми уже хорошо известными последствиями.

Горячие дискуссии проходили на внутриреспубликанских парламентских уровнях. Что же касается глав союзных республик, то они предпочитали отмалчиваться. Но вот наступил день, когда это синхронное молчание должно было нарушиться, — 11 октября в повестке заседания Госсовета[16] стоял вопрос о порядке дальнейшей работы над проектом Договора о Союзе суверенных государств.

По уже складывающейся традиции буквально за сутки в некоторые средства массовой информации «просочился» текст нового доработанного[17] проекта Союзного договора. Выяснилось также, что этот проект был разослан в столицы республик в первые дни октября.

Большинство членов Госсовета согласились, что новый вариант проекта Союзного договора — это продолжение ново-огаревского процесса. Исключением, пожалуй, стала лишь позиция Украины, которую выразил Председатель Верховного Совета Украины Л. Кравчук: до проведения общереспубликанского референдума[18] Украина не будет участвовать в обсуждении политических соглашений.

Таким образом, дальнейшая судьба Союзного договора оказалась в руках Украины, потому что без этой республики многое меняется в дорабатываемом политическом документе, а точнее, делает ново-огаревский процесс бесперспективным.

А. СТЕПОВОЙ.
(«Известия» 15 октября 1991 г.)

Вопросы:

1. Что произошло с проектом Союзного договора после августовского путча?
2. В чем парадокс ситуации, сложившейся к середине октября?
3. О чем стали говорить вместо Союза?
4. О каких «старых углах» проблемы здесь идет речь?
5. К чему склоняется Россия?
6. Почему это не устраивает другие республики?
7. Какую позицию заняла Украина?
8. Как это может отразиться на дальнейшей судьбе Союзного договора?

ГАЙДАР[19] И ЕГО КОМАНДА СРАБОТАЛИ ПРОЕКТ РЫНОЧНЫХ РЕФОРМ

— Говорят, вы за то, чтобы Россия без оглядки на республики начинала реформы.

— Тесные хозяйственные связи с республиками нужны России. Это аксиома. Другое дело, формы сотрудничества.

В отношении республик есть два объективных обстоятельства. Первое: сохранить хоть какое-то экономическое взаимодействие — никто не заинтересован в схватках. И второе: после развала политического центра невозможно в принципе реанимировать сильный экономический центр, способный проводить жесткие реформы. Одно дело соглашение республик об отказе наносить друг другу ущерб односторонними действиями, и другое — договориться воссоздать в Москве ядро власти, откуда снова будут делить валюту, определять денежную и ценовую политику. Вот мы до сих пор не закрыли ни одного завода. В рамках стабилизации их придется пломбировать сотнями. В Узбекистане, Туркмении, на Украине. Это что, из Москвы делать, каким-то межреспубликанским органом? Значит, остаются мягкий союз и особая ответственность России за выход из кризиса союзной экономики.

Прорвемся мы — спасутся и другие, сорвемся — потащим остальных. И значит, первейшее теперь — экономический курс самой России.

— Вы хотите сказать, что в рамках Договора об экономическом сообществе[20] она не может проводить такой курс?

— Строго говоря, Договор никого ни к чему не обязывает, все спорные вопросы в специальных соглашениях — 17 пакетов. И вот республики начинают работу над ними. Противоречий куча, работа идет тяжело, медленно. Потом с набором компромиссов соглашения будут заключены. Затем в ратификацию втянутся парламенты. А Россия ждет как у моря погоды, когда и чем это закончится. Когда закончится, к тому времени у нас не будет политических ресурсов для болезненных рыночных реформ — кредит доверия народа иссякнет.

— Получит ли Россия кредиты, которые Запад планировал выделить на стабилизацию экономики всего сообщества?

— Понятно желание Запада сохранить единое экономическое пространство. До 19 августа я был бы с ними полностью согласен. Но сейчас? О каком разделении функций центра и республик можно говорить? Где центр? Центр, у которого нет бюджета? В Договоре об экономическом сообществе не сумели договориться о главном — кто будет оплачивать оборонные расходы. Мне кажется, что МВФ,[21] Мировой банк, западные политики с течением времени осознают изменившуюся ситуацию. Они поймут, что нельзя собрать унитарное государство и политику надо строить в расчете на множество центров политической власти. Согласен, это неудобно, это тяжело, экономически деструктивно. Но это политическая реальность, не считаться с которой нельзя. А ключ к стабилизации сообщества лежит в России.

— Когда Бурбулис говорил, что Россия готова быть правопреемницей СССР,[22] он, в моем понимании, давал знак, что республика готова взять на себя расчеты по внешним долгам, но и закольцевать тогда львиную долю будущих кредитов.

— Никакого счастья, что Россия взвалит на себя общий долг, нет. Но есть реальность. Платить долг, особенно обслуживать его (17 млрд. долл.) часть республик просто не в состоянии. У России есть природные ресурсы, а за счет какой валюты и каких экспортных поступлений будет вносить пай Грузия? Те же западные эксперты, с которыми я имел дело, говорят: это все хорошо насчет солидарной ответственности, но вы же понимаете, ребята, с кого на самом деле спросят кредиторы.[23] Вы это учитываете в своих прогнозах, отчетах, платежных балансах? Вот о чем идет речь. Весь мир все равно смотрит на Россию, как на ответственного субъекта.

Беседовал А. БЕРГЕР.
(«Комсомольская правда» 26 октября 1991 г.)

Вопросы:

1. Почему, по мнению Гайдара, республики не смогут договориться воссоздать в Москве ядро экономической власти?
2. Что он говорит об особой ответственности России?
3. Чем невыгоден для России Договор об экономическом сообществе?
4. Что, по мнению Гайдара, придется сделать Западу?
5. Что дало бы России право претендовать на роль правопреемницы СССР?

[1] Мы в ней осуществлялись - we found fulfilment in it.

[2] Пиррова победа метафизики над «физикой» - a Pyrrhic victory of the metaphysical over the physical.

[3] «Союзпечать», organisation for the distribution of periodicals by subscription and sales in its kiosks.

[4] «Новый мир», «Октябрь», «Звезда», literary journals; under glasnost they vied with each other in publishing work banned under Brezhnev. The circulation of the most popular one, «Новый мир», was 1.1 mln in 1988, 1.5 in 1989, reaching 2.3 in 1990 before dropping to 0.8 in 1991.

[5] Книгочей - lover of books, great reader.

[6] Неимущий - a needy person, a have-not.

[7] Vissarion Belinskii (1811-1848) literary critic, leading member of Russian radical intelligentsia.

[8] Как не бывало - would disappear without trace.

[9] Aleksandr Gertsen (Herzen) (1812-1870) radical writer and thinker. The quotation is from his autobiography "My Past and Thoughts" written in 1852-1868.

[10] Revisions of Russia's constitution were drafted by a special constitutional commission of its parliament, headed by Oleg Rumyantsev. The commission presented its first draft in November 1990.

[11] Сопредельный - contiguous.

[12] Reference to the former Autonomous Soviet Socialist Republics within the RSFSR, many of which - Tatarstan, Bashkortostan (Bashkiria), Yakut Sakha (Yakutia) - declared sovereignty in 1990 and dropped the adjectives "autonomous", "Soviet" and "socialist" from their title.

[13] The three days of the August coup - 19, 20 and 21.

[14] Reference to the agreement struck by Gorbachev with the leaders of 9 republics on 23 April 1991 at the Moscow suburb of Novo-Ogarevo. Its main thrust was the creation of a new, looser Union with much of the decision-making devolved to the republics. The treaty was due to be signed on 20 August and it was to prevent this that the conservatives staged their failed coup.

[15] Россиянин, россияне - refers to inhabitants of the Russian Federation. both Russian and non-Russian.

[16] Госсовет - Государственный Совет, state structure consisting of Gorbachev and leaders of former union republics; set up by the last Congress of People's Deputies of the USSR on 5 September 1991 to cover the period of transition to some new type of association which was expected to replace the USSR.

[17] Доработанный - amended.

[18] Ukraine's referendum on independence was set for 1 December 1991.

[19] Yegor Gaidar (b. 1956) economist, author of Russia's programme of market reforms, which included price liberalisation.

[20] The Treaty on Economic Union was signed on 18 October by Armenia, Belorussia, Kazakhstan, Kyrgyzstan, Russia, Tadjikistan, Turkmenistan and Uzbekistan.

[21] МВФ - Международный Валютный Фонд, International Monetary Fund (IMF).

[22] Reference to Gennadii Burbulis (b.1945), Russia's Secretary of State, voicing Russia's intention to take over the rights and obligations of the Soviet Union.

[23] С кого спросят кредиторы - who will be held responsible by the creditors.

НОЯБРЬ

ЧТО СВОЙ, ЧТО ЧУЖОЙ — ВСЕ РАВНО

В международном аэропорту «Шереметьево-2» на моих глазах происходит маленькая драма. Застенчивый индус в чалме, только что прибывший из Дели и никем не встреченный, бросается к телефону. Пробует позвонить по одному автомату — не исправен, по другому — не работает, по третьему — сломан. Лицо его принимает все более паническое выражение. Наконец он понимает — начинать-то надо было с того телефона, у которого толпится очередь. Единственного, который работает. И, заняв очередь, оживает, возрожденный надеждой на удачу.

Было, признаться, как-то неловко за его долгий поиск, да и за его просветленную радость — этим ли должна наша страна с первых по ней шагов радовать иностранца?

Впрочем, а кого сейчас волнует, что подумает о нас этот человек, что вообще скажет заграница? Ну а если уж речь о неисправных автоматах, то совершенно ясно, что работать они должны все и везде, где установлены. Хоть в Шереметьеве, хоть в Теплом Стане, хоть в Казани или Сыктывкаре. Тем более, что теперь мы так решительно взялись за искоренение всяческих привилегий.[1] Никому, так никому — ни начальству, ни иностранцам.

Но, честное слово, когда я вижу, что и территория международного аэропорта, некогда особо опекаемая, служившая как бы витриной, парадным входом в страну, приходит в запустение, когда вижу, как и другие, так сказать, престижные «объекты», скажем, московское метро, слывшее некогда нашей национальной гордостью, делаются неухоженными,[2] то от такой «борьбы с привилегиями» легче не становится.

Теперь и за валюту зарубежных гостей часто обслуживают ничуть не лучше, чем нас за рубли. Не сомневайтесь, тот же таксист, который с вами обходится бесцеремонно, с такой же легкостью точно так же обойдется и с иностранцем, при этом, не сделав скидку даже на то, что получает от него в СКВ.[3] Во многих кафе и ресторанах за доллары теперь готовят так же плохо, как и за советские деньги. Никаких привилегий!

Что тут прикажете делать? Произносить забытые слова о стыде и совестливости? Или возлагать все надежды на суровые законы рынка, который произведет жесткий отбор «рабочей силы» и, так сказать, выставит за ворота всех, для кого понятие качество труда — пустой звук?

Что же касается сегодняшнего отношения к иностранцам... К вам гости приезжают, а в доме непорядок. Надо подготовиться, прибраться хотя бы. И, честное слово, это не будет очередным всплеском показухи, пусканием пыли в глаза.[4] Это будет лишь уважением к гостю. А еще — к себе самому.

А. ПЛУТНИК.
(«Известия» 1 ноября 1991 г.)

Вопросы:

1. Что наблюдал автор в аэропорту «Шереметьево-2»?
2. Почему ему стало неловко?
3. Какие «объекты» раньше особо опекались?
4. Как теперь обслуживают зарубежных гостей?
5. Как изменить такое положение?

СОЮЗ РАСПАЛСЯ — ОЧЕРЕДЬ РОССИИ?

Не знаю, как у других, но у меня конфликт в Чечено-Ингушетии[5] сразу вызвал воспоминания о прочитанных в детстве книгах Лермонтова и Толстого.[6] Только литературные герои вдруг неожиданно превратились в отнюдь не романтических политических деятелей, вершащих судьбами людей и народов.

Суровый указ Ельцина о введении чрезвычайного положения в Чечено-Ингушской республике был так же твердо не утвержден Верховным Советом России.[7] Чтобы как-то сгладить такое доселе почти непредставимое покушение на авторитет президента, народные депутаты всю вину возложили на его советников. Действительно, создается впечатление, что эксперты российского лидера не знают родной истории. Не только из литературных, но и архивных источников известно об изматывающих кавказских войнах, когда регулярная царская армия десятилетиями не могла справиться с малочисленными, но упорными и храбрыми горцами. Кавказ — дело тонкое и нахрапом тут не возьмешь.[8] Мы уже знаем, что угроза национальной независимости сплотила вместе доселе враждующие оппозиционные группировки в Грозном.

С другой стороны, у Бориса Николаевича было, как говорится, очень мало пространства для маневра, ведь пример Чечни почти неизбежно привлечет другие автономии. И вслед за распадом Союза тем же путем может развалиться и Россия. Нужно было действовать решительно и быстро, тем более, что, как многие отмечают, Ельцин силен именно в борьбе, будь то избирательная кампания или путч. Но из попытки силовыми методами приструнить[9] автономию ничего не вышло. Чтобы предугадать подобный результат, не надо было обращаться к архивам. Опыт недавней истории во время противостояния Центр — Литва[10] свидетельствует о том, что ужесточение мер приводит лишь к обратным результатам.

Верховный Совет России в отличие от своего союзного собрата не дал Ельцину повторить ошибку Горбачева, выбрав иной путь — политический. Конечно, в данной ситуации это самое разумное.

Но и тут возникает немало вопросов. После внеочередной сессии в коридорах Белого дома ее участниками высказывались самые разные мнения. Так, генеральный прокурор России Валентин Степанкин обратил внимание на то, что, вступая в переговоры с официально признанным незаконным правительством Дудаева, Верховный Совет волей-неволей признает его де-факто.

Будущее покажет, насколько эффективной будет политика парламента России в разрешении этой проблемы. В любом случае радует попытка избежать конфронтации, ведущей к кровопролитию. В этом смысле настораживают заявления генерала Дудаева, призывающего «перенести страх и муки в логово зла и насилия над народами, в Москву». И так взбудораженные слухами о «чеченской мафии», жители столицы могут сделать вполне определенные выводы из этих, мягко говоря, неосторожных высказываний. Далее события могут развиваться непредсказуемо.

Обстановка в Чечне заставила активизироваться и возрождающееся казачество.[11] Во время проходившего на днях Казачьего круга[12] в Ставрополе его сторонники дали недвусмысленно понять, что помнят об основном предназначении их предков на службе Отечеству — быть своеобразным кордоном на границах России, защищая и расширяя ее территорию.

Пугать друг друга в нынешней наэлектризованной обстановке в стране не только бессмысленно, но и опасно. Многие могут захотеть сейчас отвлечься от серой обыденности с ее подчас неразрешимыми проблемами и заняться выяснением, кто прав, кто виноват, усматривая врагов в «инородцах».[13] Да и лидерам России, решившимся наконец на кардинальную реформу экономики, нужно думать о своей первейшей задаче — как накормить народ, а не вязнуть в национальных спорах, которые одного президента уже завели в тупик.

Андрей ТРОИЦКИЙ.
(«Неделя» № 46, 1991 г.)

Вопросы:

1. Какие воспоминания вызвал у автора конфликт в Чечено-Ингушетии?
2. Как вели себя президент России и ее Верховный Совет?
3. Какой исторический опыт следовало бы вспомнить экспертам?
4. Почему у Ельцина было очень мало пространства для маневра?
5. Какую ошибку Верховный Совет России не дал Ельцину повторить?
6. Какие заявления генерала Дудаева настораживают?
7. О чем помнит казачество?
8. Почему, по мнению автора, пугать друг друга опасно?

ОСЕННИЙ «ПУТЧ» БОРИСА ЕЛЬЦИНА

Десять декретов, которые потрясли мир[14]

Рыночный марафон, о необходимости которого так долго говорили демократы, начался для России 15 ноября. В этот день Б. Ельцин подписал пакет из десяти президентских указов и правительственных постановлений о реальном переходе к свободной экономике.

Весь пакет радикальных мер можно разбить на три ключевых блока. В первую очередь, несомненно, следует сказать о сокрушительном нокауте союзных структур. Отныне Россия берет под контроль все финансовые органы на своей территории, включая Гохран[15] СССР и Гознак[16] СССР. Согласно постановлению № 6 правительства России, уцелевшие подразделения перейдут в распоряжение вице-премьера Егора Гайдара,[17] который непосредственно руководит единым Министерством экономики и финансов РСФСР. Смысл такой концентрации власти в руках идеолога российских реформ не только в том, чтобы ускорить их проведение, но и в том, чтобы «выбить из седла» чудовищный сектор ВПК.[18] Кажется, только теперь, когда финансы твердо переходят под контроль России, есть хорошие шансы разорвать «милитаристскую пуповину» и окончательно сломать становой хребет[19] тоталитарной империи.

Согласно еще трем документам, подписанным Ельциным, с 20 ноября ликвидируются почти все союзные министерства и ведомства, а стратегические ископаемые — нефть, алмазы и драгоценные металлы — полностью переходят в распоряжение российского правительства, у которого появились новые козыри в отношениях с центром и некоторыми несговорчивыми республиками. В ближайшее время Россия намерена пересмотреть лицензии и квоты на вывоз из республики «черного золота».[20]

Таким образом Ельцин одним махом взял в свои руки всю полноту экономической власти. Эксперты, включая самых радикальных экономистов, хором заявляют, что Президент России наконец-то решился использовать хорошо известный набор мер, быстро поднявших экономику во многих странах.

Безусловно, ключевую роль сыграет Указ «О либерализации внешнеэкономической деятельности на территории РСФСР». По сути в ближайшие дни на российской земле создаются условия для введения внутренней конвертируемости рубля. Снимаются нелепые ограничения на покупку и продажу валюты за рубли — в том числе и для граждан, отменяются налоги и пошлины на импорт продовольствия, товаров широкого спроса и другой продукции.

Очевидно, эти меры увеличат приток товарной массы на истощенный российский рынок...

Третий лейтмотив, пронизывающий пакет рыночных документов России, следовало бы, наверное, назвать первым. Социальная защита населения на пороге тотальной свободы цен — одна из самых острых проблем. Думаю, есть все шансы для того, чтобы избежать голодного бунта: в бюджетных конторах почти вдвое поднимают зарплату, во внебюджетных[21] снимают всякие ограничения на заработки.

Однако еще большее значение имеет другой указ — о социальном партнерстве. Судя по всему, команда Гайдара отлично знакома со всеми моделями капитализма. Больше всех богатеют те страны, где соблюдается баланс трех главных сил в экономике: предприниматели — профсоюзы — правительство. Так что жить в рынке Россия собирается по тем же правилам, что Япония и Германия.

Кажется, лед тронулся...

С. РАЗИН.

(«Комсомольская правда» 19 ноября 1991 г.)

Вопросы:

1. Что произошло 15 ноября?
2. Какие шаги российского руководства автор расценивает как «сокрушительный нокаут союзных структур»?
3. Чем станут стратегические ископаемые в руках российского правительства?
4. Какие меры должны увеличить приток товаров на российский рынок?
5. Как будет осуществляться социальная защита населения?

ЖЕНЩИНАМ, КОТОРЫЕ ЛЮБЯТ СЛИШКОМ СИЛЬНО

Не знаю, замечали ли вы это, но старое выражение «ухаживать за женщиной» практически вышло из употребления. И произошло это не в силу причуд нашей речи. Сам этот период первоначального сближения — со своими правилами, традициями и условностями, со строгим распределением ролей, с неповторимой атмосферой — оказался так сильно сокращен и отредактирован современными нравами, что уже не заслуживает специального обозначения.

«Ухаживать за мужчиной» — так мы не говорим, если только он, не дай Бог, не болен. Но по справедливости именно так следовало бы назвать типичнейшую в наши дни прелюдию отношений.

Ухаживание всегда было делом достаточно дорогим в чисто денежном смысле: букеты, билеты, конфеты — без гроша в кармане и думать было нечего начинать эту опьяняющую игру. Современные же романы в огромном множестве случаев финансируются из женского кошелька. Женщина делает любимому подарки, причем я часто замечал, что выбирает она для него более дорогие и труднодоступные вещи, чем обычно покупает себе: женщина оплачивает совместные поездки, развлечения и даже попросту кормит и поит (не только чаем и молоком).

Правила сложного психологического танца, именуемого ухаживанием, подразумевают, что тому, за кем ухаживают, принадлежит окончательное право решать, как далеко зайдут отношения и когда именно состоится их переход на уровень полной близости. Это чрезвычайно важное право, и кому оно зачастую бывает отдано, вы прекрасно знаете и без меня. Если мужчина настроен, чтобы новая знакомая отдалась ему во время второй или третьей встречи, так скорее всего и произойдет. По большей части это ей совсем не нужно — у женщин свой график развития чувств, сексуальная сфера включается у них значительно позже. Если порасспросить ее — окажется, что и с чисто моральной точки зрения такая поспешность ей совершенно не импонирует, ей приходится заглушать неловкость, внутренний протест. Но ухаживать — значит исполнять все прихоти, подлаживаться, геройски сносить[22] все неудобства.

Нравится ли женщинам эта их новая роль? Твердо могу сказать: ни капли не нравится.

Они чувствуют себя обманутыми. «Я так стараюсь, столько в него вкладываю, столько для него делаю, просто из кожи вон вылезаю[23] — и как же после всего этого он со мной поступает?» — едва ли не самая распространенная жалоба.

И знаете, что обиднее всего? Когда близко знакомишься с такой парой, со всеми подробностями их характеров, их судеб, не остается часто никаких сомнений, что им, как это говорится, на роду было написано[24] составить счастье друг друга. И если бы партнерша не спешила, не суетилась, заняла менее активную позицию — началась, наверняка началась бы, таинственная алхимическая реакция, делающая двух разных людей одним существом! И ведь наверняка внутренний голос подсказывает ей, что надо изменить тактику! Не осыпать мужчину знаками внимания и преданности: не просиживать вечера у телефона, когда после первого же гудка снятая трубка и взволнованный голосок ясно показывают, в каком напряжении ожидался этот звонок.

Почему же женщины заглушают в себе этот разумный безошибочный сигнал?

Чаще всего выдвигаются две причины. Мужчины избаловались, говорят мне. Слишком долго, еще с войны, у нас существовала противоестественная ситуация, когда каждый, кто хоть мало-мальски мог считаться женихом, становился объектом жесткой конкурентной борьбы сразу нескольких претенденток. И вот теперь они просто вошли во вкус и навязывают женщинам выгодные для себя порядки. Плохо ли, не связывая себя ничем, обзавестись этакой безропотной дойной коровой?

Что тут можно сказать? Мужчина по сути своей — добытчик, созидатель, завоеватель, и эти изначальные свойства в нем так сильны, что эксплуататорские, паразитические наклонности в обычных условиях оттесняются на задний план, тихо дремлют в потаенных уголках души. Их надо пробудить, вытащить на поверхность, развить неустанным упражнением, чем наши милые дамы, по существу, нередко и занимаются, объясняя это тем, что — тут уже пошла вторая причина — очень сильно любят. Слишком сильно! Это настолько огромное чувство, объясняют мне часто мои клиентки, что ни разум, ни воля не в состоянии с ним справиться. Головой понимаю, но...

Александр ПОЛЕЕВ,
врач-психотерапевт, кандидат медицинских наук.
(«Работница» № 11, 1991 г.)

Вопросы:

1. Что произошло с выражением «ухаживать за женщиной»?
2. Как изменилась финансовая основа ухаживания?
3. Что, по мнению автора, подразумевали старые правила ухаживания?
4. Что здесь изменилось?
5. Как относятся к этому женщины?
6. Что автор им советует?
7. По каким причинам возникло существующее ныне положение?

---

1 Reference to the campaign, started in 1987, against the perks and privileges of top party and government officials.

2 Неухоженный - run-down.

3 СКВ - свободно конвертируемая валюта, hard currency.

4 Показуха, пускание пыли в глаза - window-dressing, pulling the wool over somebody's eyes.

5 The Chechen-Ingush autonomous republic, located in the north-western Caucasus, was part of the Russian Federation until its declaration of independence and presidential elections on 27 October 1991. These were declared illegal by Boris Yeltsin, and Interior Ministry troops were sent to the capital Grozny to take control of the situation. The Chechen forces, led by the newly-elected president General Dzhokhar Dudaev, confined the Moscow troops to the airport and they had to be withdrawn.

6 Both Mikhail Lermontov (1814-1841) and Lev Tolstoy (1828-1910) wrote of their experiences in the Caucasus during Russia's colonisation of the area between 1817 and 1864. The author is

probably referring to Tolstoy's «Казаки», «Хаджи Мурат» and «Кавказский пленник» and Lermontov's «Герой нашего времени».

[7] The decree declaring a state of emergency was signed by Yeltsin on 8 November and annulled by Russia's parliament on 11 November 1991.

[8] Нахрапом тут не возьмешь - high-handed action won't work here.

[9] Приструнить - bring into line, take in hand.

[10] Reference to the use of force in Lithuania in January 1991, when Soviet troops stormed the television tower, killing 13 unarmed demonstrators in the process.

[11] Казачество - the Cossacks; a social stratum of free peasant-soldiers in 17th-century Russia; in the 18th and 19th centuries used in Russia's frontier wars. Cossacks were banned in 1920 for siding with the Whites in the Russian Civil War 1918-1922. Cossack nationalism began to re-emerge in 1990 in Southern Russia, Ukraine, and Kazakhstan.

[12] Казачий круг - Cossack gathering, assembly.

[13] Инородец, term used in pre-revolutionary Russia to refer to non-Russian nationalities; alien, heathen.

[14] Paraphrase of the title of the book about the October 1917 revolution "Ten Days That Shook the World" by the American journalist John Reed, published in New York in 1919.

[15] Гохран - Государственное хранилище, State Depository (of precious metals, stones etc., which are state property).

[16] Гознак - Государственное управление по выпуску государственных знаков, State Administration for the Issue of Banknotes.

[17] Yegor Gaidar (b. 1956) economist, author of economic reform programme announced on 28 October 1991 by Boris Yeltsin.

[18] ВПК - военно-промышленный комплекс.

[19] Становой хребет - backbone.

[20] «Черное золото» - нефть.

[21] Бюджетная контора - enterprise or organisation financed from the state budget, equivalent to the public sector in Britain; внебюджетная контора - private concern or company.

[22] Сносить - endure, put up with.

[23] Из кожи вон вылезаю - do everything humanly possible.

[24] Им на роду было написано - they were destined to.

ДЕКАБРЬ

УКРАИНА: ХАТА С КРАЮ. НО С ОКНАМИ В ЕВРОПУ

Итак, «славянская ось» Москва — Киев — Минск, замышлявшаяся в качестве несущего каркаса будущего Союза Суверенных Государств (ССГ),[1] потеряла одну из своих опор.[2] Вследствие чего вся конструкция пришла в состояние, близкое к свободному падению. И можно вполне поверить в искренность Михаила Горбачева и Бориса Ельцина, заявивших, что не могут представить себе будущий Союз без Украины.

Есть ли шансы вернуть «блудную дочь»[3] на место? **Во-первых,** национальная администрация уже успела вкусить сладость свободы, отсутствия над собой еще каких-то союзных властных структур. Пусть даже очень «ненавязчивых». И ни за что не пожелает с этим чувством расставаться, даже если дела в республике пойдут из рук вон плохо. **Во-вторых,** сопровождающая всякий акт о независимости эйфория дает местной власти своеобразный карт-бланш на любые действия. И Леонид Кравчук,[4] судя по его заявлениям, не преминет[5] воспользоваться им, чтобы «отбежать» от Кремля на достаточно безопасное расстояние.

Что же касается силовых методов «убеждения», то они уже доказали свою бесперспективность в отношениях с прибалтийскими республиками. К тому же экономический потенциал Украины не сравним с прибалтийским: все-таки это четверть всего валового национального продукта[6] СССР при 18 процентах населения. И «аргументы» типа: а вот мы им перекроем нефтяной «краник», посмотрим, как долго они продержатся на своем сахаре, — это обывательский дилетантизм.

Остается строить отношения, исходя из сложившихся[7] реальностей, и прогнозировать не желаемое, а возможное. Какие шаги может предпринять Украина в ближайшее время? При изначальной установке на неучастие в Союзном договоре как политическом пакте и приоритете национальных интересов скорее всего сейчас в республике пойдет интенсивная «экспроприация» остатков союзной собственности.[8] Следующий логичный шаг — введение собственной валюты. Украина будет пытаться защитить свой внутренний рынок всеми доступными ей средствами, даже если это будет выглядеть не совсем гуманно по отношению к другим республикам.

Наибольшую сложность представляет собой переходный период, требующий на какое-то время согласованной ценовой и финансовой политики. И здесь интересы Украины диктуют Л. Кравчуку некоторую уступчивость на переговорах с М. Горбачевым и лидерами России, Беларуси и Казахстана, которые планируется провести в понедельник в Москве.[9]

И. СИЧКА.
(«Комсомольская правда» 7 декабря 1991 г.)

Вопросы:

1. Что изменилось в процессе создания ССГ после украинского референдума?
2. Почему Сичка не видит шансов «вернуть» Украину?
3. Какие методы он считает бесперспективными?
4. Какие шаги может предпринять Украина?

ПЕРЕХОДНЫЙ ДЕКАБРЬ

В отечественной истории на декабрь выпадало немало событий, круто менявших привычное течение жизни российских народов. Без малого 166 лет тому назад дворянская интеллигенция пыталась с Сенатской площади Санкт-Петербурга начать переустройство России на принципах свободы.[10] В декабре 1922 года закладывались основы СССР, государства невиданного эксперимента.[11] 14 лет спустя, в декабре 1936 года, фактически завершился процесс становления тоталитарного режима,[12] просуществовавшего без значительных изменений до апреля 1985 года.[13] Но и более радикальная попытка его модификации, начатая под руководством Михаила Горбачева, обнаружила ограниченность замыслов ее инициаторов в деле внутреннего переустройства страны.

С образованием независимых государств реформирование Союза стало невозможным. С особой силой это подтвердил референдум на Украине, в результате которого крупнейшая после России республика стала независимой. Голосованием на Украине был подведен де-факто итог горбачевской перестройки, базировавшейся на системе абстрактных принципов, выдвинутых поколением «шестидесятников».[14] И поэтому нынешний декабрь знаменует собой наступление действительно переходного периода. Его содержанием является, с одной стороны, становление на руинах бывшего Союза независимых государств, а с другой — поиск моделей и форм их сожительства с новой философией и принципами практического сотрудничества.

Несмотря на то, что выработка российских подходов к переустройству бывшего унитарного государства проходила не без сбоев, сегодня можно говорить о ряде кардинальных положений, определяющих их практическую ценность. Это создание системы горизонтальных связей между республиками[15] путем заключения договоров в различных сферах деятельности. Это отказ от роли «старшего брата» и патернализма, от жесткого и многофункционального Центра с переориентацией на более гибкие модели общей государственности, создаваемой снизу на основе естественных интересов республик к сохранению и развитию сотрудничества.

Именно с этим багажом отправился в Минск Президент РСФСР, а подписание 8 декабря Договора о создании в лице Беларуси, России, Украины Содружества Независимых Государств[16] (открытого для всех бывших республик и других государств, разделяющих цели и принципы этого документа) лишний раз подтвердило реализм российской политики в отношении будущего СССР.

Что в нем главное? Решено сохранить объединенное командование общим стратегическим пространством, единый контроль над ядерным оружием. К совместной сфере стороны отнесли координацию внешнеполитической деятельности, формирование и развитие общего экономического пространства, европейского и евразийского рынков, таможенную и иммиграционную политику, развитие систем транспорта и связи, охрану окружающей среды и экологическую безопасность, борьбу с организованной преступностью. Осознавая планетарный характер чернобыльской катастрофы,[17] участники соглашения договорились объединить и координировать свои усилия по преодолению ее последствий. По этой проблеме будет подписан специальный документ. С момента заключения соглашения на территориях подписавших его государств не допускается применение норм третьей стороны, в том числе бывшего СССР, деятельность органов прежнего Союза прекращается. Гарантировано выполнение международных обязательств, вытекающих из договоров и соглашений, подписанных Союзом ССР.

Что дает договор России? Он завершает период неопределенности судьбы бывшего Союза и сохраняющихся центральных структур управления. Ликвидируется двоевластие, российская власть обеспечивает себе свободу рук и проведение кардинальных преобразований в республике, гарантировав их поддержку со стороны Украины, Беларуси и Казахстана, который, возможно, присоединится к соглашению.

Вместе с тем это нестандартное решение[18] по выходу из тупика союзного кризиса натолкнулось на ожесточенное сопротивление как центральных властных структур, включая Президента СССР, которому это соглашение не оставляет места на политической арене, так и традиционных «державников»,[19] а также партий демократического спектра, заявляющих до сих пор о поддержке реформ Ельцина. Предстоит, одним словом, борьба.

Валерий НЕЗНАМОВ.
(«Россия» 11 - 17 декабря 1991 г.)

Вопросы:

1. Какие исторические события, происшедшие в декабре, вспоминает автор?
2. Почему он считает декабрь 1991 года началом действительно переходного периода?
3. Какие новые подходы выработаны Россией?
4. Что предусматривает Договор в военной области?
5. Какие вопросы отнесены к «совместной сфере»?
6. В какой связи упоминается авария на чернобыльской АЭС?
7. Что означает ликвидация «двоевластия» для России и для центральных властных структур, включая Горбачева?

АЗИЯ... ПОЧТИ УЛЕТЕЛА

«Как бы Азия не улетела от России — улетела навсегда» — так закончил свой «Прогноз без гороскопа» в «Неделе» (№ 48) московский писатель Олег Клинг, родившийся и выросший в Казахстане.

Не прошло с тех пор и двух недель — и Азия улетела. Причем не только метафорически, но и вполне реально: президентский самолет Нурсултана Назарбаева с надписью «Казахстан» взмыл в небо и улетел. Можно еще надеяться, что улетел не окончательно, что другие среднеазиатские республики не кинутся в полет тут же... Можно надеяться и хочется... Но беда в том, что в противоположную сторону от Азии улетели и Россия, Украина и Беларусь, осознавшие себя славянским содружеством.

Как и прежде, граждане бывшей страны в воскресенье посажены на информационный голод: не выходит ни одна газета, вхолостую работают радио и телеинформационные программы: в воскресные дни политика не делается. Ничто не предвещало интересного и в выпуске бывшей программы «Время»:[20] слышали, конечно, о какой-то очередной встрече в Минске, но мало ли их было... мало ли договоров подписали наши новые президенты. Будничным голосом сообщила очаровательная журналистка и новость, которая была равноценна настоящей сенсации: отныне Советского Союза не существует... Нас так долго учили, что история делается не героями и не в кабинетах, а в массах, народом, что поверить в услышанное было просто невозможно. Впрочем, вечное «не может быть» мы все уже испытывали, когда узнали про путч, про нового президента с трясущимися руками, про внезапную болезнь Горбачева...[21]

В Беловежской пуще, в бывшей хрущевской резиденции собрались три президента со своими командами и в обстановке строгой секретности (не пустили, кроме хроникеров, которые должны были запечатлеть исторические кадры, даже журналистов) констатировали, что «Союз ССР как субъект международного права и геополитическая реальность прекращает свое существование», и заявили об образовании Содружества Независимых Государств. Хочется в силу определенных обстоятельств[22] сказать: Славянского Содружества — СС.

Один из моих рассказов — о дворцовом перевороте, написанный накануне путча, называется «Все делается просто и грубо»... Говорят, что эта фраза стала, что называется, крылатой[23] — если речь идет о мотивах, движущих поступками наших политиков. Но даже я поражен тем, как все произошло на этот раз...

Вот уж действительно: все делается просто и грубо! Но что в результате? Весь мир в растерянности: что будет с ним, миром. Все мы в шоке: ведь нас всех убеждали, что со дня выборов российского президента, а тем более после подавления путча мы живем в демократической стране, демократическом государстве, а иные радетели[24] твердой власти рыдали,[25] что у нас для переходного момента даже слишком много демократии и свободы...

В недоумении азиатские республики: куда отправляться им — в объятия мусульманской конфедерации?.. В недоумении Россия: как это она стала в один день славянской?![26] Куда деваться татарам, башкирам, мордве и всем-всем другим, кто не является славянином?.. Скорее всего, улетать — всем улетать в разные стороны?.. И останется на планете Земля странная территория в ее одну шестую,[27] разлетевшаяся вдребезги...

Олег КЛИНГ.
(«Неделя» № 50, 1991 г.)

Вопросы:

1. По какому принципу образование славянской «тройки» разделило СССР?
2. Как автор описывает день, в который по телевизору сообщили, что Советского Союза больше нет?
3. В какой другой день он тоже точно так же говорил «не может быть»?
4. В какой связи автор употребляет фразу «все делается просто и грубо»?
5. Чем, по мнению автора, опасна идея славянского содружества?

ВЧЕРАШНИЕ ХОЗЯЕВА ЖИЗНИ ОКАЗАЛИСЬ ХОЗЯЕВАМИ И СЕГОДНЯ

Основные капиталы, определяющие сегодня развитие частного сектора, накоплены зачастую весьма сомнительными способами. И это неудивительно: первоначальное накопление никогда и нигде не было иным. Однако необходимо присмотреться повнимательнее к «воротилам»[28] советского бизнеса. У кого же сейчас скопились деньги, кому на Руси жить хорошо?

Богатые люди были в стране и до перестройки. Если не останавливаться на многочисленных привилегиях номенклатуры,[29] то бросится в глаза значительное богатство в руках небольшой группы так называемых дельцов. К 1985 году объем теневой экономики составлял 150 миллиардов рублей.

Рыночные преобразования первого этапа, в основном Закон о кооперации,[30] дали возможность многим представителям теневого бизнеса легализоваться. Кроме того, в условиях, когда рынок был допущен в экономику на полулегальной основе, государственные и бюрократические структуры использовали кооперативы для превращения своих огромных властных функций в функции собственности, то есть решили придать своей политической власти экономический фундамент.

Конечно, кооперация и другие рыночные формы разбудили тысячи активных людей, но факт остается фактом: происходило обогащение прежде всего коммерческих структур, связанных с аппаратом. Тот, кто был связан с аппаратом райисполкома, получал монопольное право жарить шашлыки или торговать цветами в данном районе; а тот, кто был связан с аппаратом Совета Министров, получал лицензии на вывоз сырья...

В результате возникли невидимые финансовые группы по типу западных, в которых полномочные представители номенклатуры реализовали (в форме кооперативов или совместных предприятий[31]) властные привилегии своих патронов. Появились частные фирмы с миллиардами на счетах, в их правлениях сидят вчерашние номенклатурщики и дельцы теневой экономики.

Большая часть этих коммерческих структур была непосредственно связана с верхушкой КПСС, ВПК,[32] армии, КГБ, МВД. Правоохранительные и государственные органы обеспечивали прочность системы. Добавим давно идущую полным ходом номенклатурную, подпольную приватизацию, когда ответработники[33] или их родственники приватизируют вверенный им участок госсобственности.[34] Через коммерческие банки оказалось очень удобно пускать в оборот[35] крупные суммы, будь то деньги КПСС, комсомола или оборонных предприятий. Несложно было выделять «своим» здания, отводить землю по низким ценам, списывать на «своих» фондовое сырье,[36] давать налоговые, таможенные и другие льготы. Вчерашние хозяева жизни оказались хозяевами и жизни сегодняшней.

Андрей БУНИЧ.

(«Литературная газета» 11 декабря 1991 г.)

Вопросы:

1. Что автор говорит о теневой экономике, существовавшей до перестройки?
2. Какую возможность получили ее дельцы в годы перестройки?
3. Какую пользу извлекли те, кто имел политическую власть?
4. Как они это делали?
5. Кто сидит в правлениях многих крупных частных фирм?
6. Чьи деньги они пускают в оборот?
7. Как они заботятся о «своих»?

КАК ИСПОЛЬЗОВАТЬ В МИРНЫХ ЦЕЛЯХ ЭНЕРГИЮ РАСПАДА ИМПЕРИИ?

Итак, алма-атинская встреча одиннадцати[37] подвела черту под распавшимся Союзом и под всеми бесплодными попытками возродить его, пусть и под новой вывеской. Но насколько оправдан оптимизм по поводу создания нового сообщества? Не рано ли бить в фанфары, провозглашая возрождение «великой евразийской общности»? Кое-кто из известных политиков уверенно провозглашает, что сделан шаг к новой интеграции, которая вполне может походить на федерацию. Даже вполне трезвые аналитики твердят, что наконец-то найдена стабильная конструкция. «Вот теперь, слава Богу, и начнем все вместе проводить реформу», — с воодушевлением заявляет известный экономист.

Но не начинаем ли мы новый этап мифотворчества?

Тот факт, что большинство республик вдруг решило вступить в СНГ, еще не означает, что они с готовностью примут правила новой коллективной игры. Каждый сегодня видит прежде всего свой интерес, и пока неизвестно, в чем республики усматривают интерес общий.

В обществе уже произошли необратимые вещи. В республиках формируется или уже сформировался новый правящий слой. Основу своего существования он видит в создании независимых государств, невзирая на тот факт, что пока большинство республик экономически к этому не готовы. Однако не только эгоизм или властолюбие республиканских правящих группировок подпитывает сепаратистские тенденции. Нельзя закрывать глаза на растущее стремление самих масс не просто к поиску национальной идентичности, но и к собственному пути выживания. А это естественно после стольких неудачных попыток коллективного спасения. Как иначе объяснить, скажем, тот факт, что подавляющее большинство русских на Украине — даже русскоязычный Крым! — высказались за ее независимость,[38] а следовательно, на размежевание с этнической Родиной — Россией. Формируется собственное государственное мышление в Казахстане, где русских чуть ли не половина населения.[39] Подспудно,[40] но идет процесс зарождения новых экономических интересов, заполняющих вакуум, возникший в результате обрыва прежних связей. Эти интересы могут стать основой развития новых государств либо компактных их объединений.

Усиливается группировка отдельных республик по группам интересов. И это самый серьезный поворот в нашем, пока общем развитии. Большинство республик начинает искать союзников или партнеров, пытаясь найти выход из продолжающегося хаоса вместе, но не со всеми, а с близкими себе по тем или иным параметрам. Пока мы ищем, как бы создать общую крышу для всех и каждого, сама жизнь создает все новые основания для особых отношений славянских республик, для становления среднеазиатского альянса, для сближения Молдовы с Румынией, для поиска союзников Азербайджаном. Причем было бы ошибкой границы возможных союзов определять только по национально-этническим критериям. Не менее важными предпосылками сближения для тех или иных республик может оказаться сходство их политического курса, общий генезис правящей элиты, географическая и культурно-историческая близость, сходный уровень развития, взаимные симпатии лидеров. Преувеличением было бы считать причину усиления регионализма только в действиях «славянской тройки».[41] Эти действия только стимулировали процесс, который объективно обусловлен.

А, может быть, дальнейшее наше развитие пойдет все же в направлении создания единого «ядра», как считают некоторые? А вокруг него начнется формирование новой «евроазиатской» системы. Думаю, однако, этот сценарий вряд ли возможен. Время мировых галактик, вращающихся вокруг одной оси, подходит к концу. Тем более что подавляющее большинство наших республик настолько опасается нового империализма, что будет противиться появлению любого единого ядра, в какой бы форме оно ни возникало. Особенно чреваты попытки России окружить себя республиками — спутниками.

Каждая республика видит в СНГ конструкцию, которая бы, не обременяя обязательствами, давала возможность завершить ее государственное становление при относительно благоприятных экономических условиях. Последнее следует подчеркнуть особо. Тем более, где вы видели устойчивую конфедерацию, состоящую из стольких членов с так расходящимися интересами?

Что же, значит, идея с СНГ все-таки обречена? Ответ на этот вопрос зависит от того, что мы ожидаем от этого сообщества. Если думать о СНГ как преддверии[42] к Союзу, тем более в прежних масштабах и границах, — то это безнадежная затея. Сомнительно и то, что СНГ явится платформой для все более тесной координации действий всех без исключения его членов. В то же время давайте подчеркнем и позитивное значение, которое сама идея СНГ несет в себе в данный момент. Во-первых, она позволяет выйти на новый уровень геополитического мышления. Во-вторых, появляется возможность хотя бы отчасти соорганизовать[43] расползающееся пространство, смягчить неизбежность конфликтов, перевести процесс и самостановления и формирования новых объединительных связей в более цивилизованное русло.[44]

Важно избежать искушения попытаться создать новую жесткую модель, либо втиснуть развитие в рамки уже известных схем. Скорее всего СНГ примет вид магмообразной[45] ассиметрической конструкции. Одни государства станут членами оборонительного союза, другие подпишут только некоторые его положения. Третьи попытаются координировать свою экономическую стратегию. Но вот представить себе согласование внешнеполитической деятельности абсолютно всех государств-членов даже при большой фантазии очень трудно. Так же, как непонятно и то, каким образом можно осуществить выработку единой их хозяйственной и внешнеэкономической политики. Впрочем, не стоит питать иллюзий и относительно единых вооруженных сил СНГ. Общий контроль за ядерными вооружениями — во всяком случае пока они не уничтожены за пределами России — задача вполне реальная. Процесс же формирования большинством республик своих армий остановить уже трудно.

Судьба будущего сообщества во многом будет зависеть от позиции России и ее роли внутри него. Но не только Россия вносит долю неопределенности в будущее союза независимых государств. Трудно ожидать его внутренней стабильности, пока не сформировался окончательно новый баланс сил в отдельных республиках, пока не завершилось строительство их структур власти, пока там возможна смена лидеров и политических элит. Поэтому в ближайшее время не избежать шараханья и метаний,[46] нарушения взаимных обязательств и конфликтности. Форсировать же интеграцию в этих условиях просто невозможно. И не будем кивать на Европу как пример для подражания. Там объединение — впрочем, о политической интеграции и здесь говорить преждевременно — явилось следствием исчерпания возможностей развития национальных государств, которое продолжалось не одно столетие. У нас же республики, в том числе и Россия, только начинают создавать государственные структуры. Должно пройти время, пока они увидят потребность в новом браке, причем добровольном, а не вынужденном безысходностью.

Итак, будем смотреть на СНГ с умеренным оптимизмом.

Л. ШЕВЦОВА.

(«Комсомольская правда» 24 декабря 1991 г.)

Вопросы:

1. Как выражают оптимизм по поводу алма-атинской декларации?
2. Как Шевцова расценивает тот факт, что большинство республик решило вступить в СНГ?
3. Какие изменения, происшедшие в обществе, усилили сепаратистские тенденции?
4. На какой основе происходит группировка отдельных республик?
5. Почему автор считает маловероятной возможность создания нового «ядра»?
6. Какое позитивное значение несет в себе идея СНГ?
7. Каким Шевцова представляет себе развитие государств СНГ?
8. Что она говорит о политической интеграции в Западной Европе и в бывшем СССР?

Задание:

Обсудите тему: «Должно пройти время, прежде чем бывшие республики СССР увидят потребность в новой, добровольной интеграции».

---

[1] An interim name for a political union between some of the former republics; a treaty to set it up, due to be initialled on 25 November 1991, was instead sent down to the republics for discussion by their parliaments.

[2] Reference to Ukraine's referendum on 1 December, when 90.32% of the population voted for independence.

[3] Paraphrase of the expression «блудный сын» - prodigal son.

[4] Leonid Kravchuk (b. 1937) was elected Ukraine's president on 1 December 1991, taking 61.59% of the votes cast.

[5] Не преминет - won't fail to.

[6] Валовой национальный продукт - gross national product. Ukraine produces 42% of the former Soviet Union's iron ore, 24% of its coal, 53% of its sugar, 38% of its television sets, and 34% of its steel.

[7] Сложившийся - existing.

[8] Upon declaring its independence on 24 August 1991, Ukraine transferred to republican jurisdiction many enterprises previously administered by Union ministries and owned by the Union.

[9] The meeting of the five presidents, scheduled for 9 December, was pre-empted by three of them - Boris Yeltsin of Russia, Leonid Kravchuk of Ukraine and Stanislav Shushkevich of Belarus - holding a meeting at a hunting-lodge near Brest in Belorussia on 8 December, where they signed an agreement to set up the Commonwealth of Independent States.

[10] The Decembrist Revolt, December 1825.

[11] The setting up of the Union of Soviet Socialist Republics by RSFSR, Ukraine, Belorussia and Transcaucasia.

[12] Reference to the Constitution of the USSR, adopted on 5 December 1936.

[13] April 1985 is the date of Mikhail Gorbachev's accession to power.

[14] «Шестидесятники» - Men of the Sixties, those active in the period of liberalisation known as the Khrushchev "Thaw" (1956-1964).

[15] Inter-republican links, by-passing the central authorities in Moscow, as distinct from "vertical" links whereby republics would deal only with the centre and not directly with each other.

[16] See note 9 above.

[17] The accident at Chernobyl nuclear power station on 26 April 1986. As a result of an explosion in one of the reactors radioactive substances escaped into the atmosphere, contaminating vast areas in Ukraine and Belorussia.

[18] Нестандартное решение - imaginative, exceptional solution.

[19] «Державники» - those who hanker after superpower status for the Soviet Union.

[20] «Время» - the official news programme until the coup in August. Subsequently its 9 o'clock slot on Channel I was occupied by a livelier and more objective news programme entitled «Информационная программа».

[21] Reference to the announcement of the State Emergency Committee that it was taking over because Mikhail Gorbachev allegedly could not carry out his duties due to illness. The trembling hands of the Committee's leader Vice-President Gennadii Yanaev were seen on television during their press-conference on 19 August 1991.

[22] An allusion to reports of efforts to exclude Kazakhstan's president Nursultan Nazarbaev. See also note 9 above.

[23] Эта фраза стала, что называется, крылатой - that phrase - as the saying goes - became proverbial.

[24] Радетель - proponent, advocate.

[25] Рыдали - wailed.

[26] Russia itself is a federation of some 100 nationalities with Russians comprising 81.5% of its population, Tatars - 3.8%, Ukrainians - 3%, Chuvash - 1.2%, Bashkirs - 0.9%.

[27] The former Soviet Union occupied one sixth of the Earth's land mass.

[28] Воротила - person who gets things moving, fixer.

[29] Привилегии номенклатуры - perks and privileges of party bosses, top government officials - official limousines, special shops and restaurants, country retreats etc.

[30] The Law on Co-Operatives, passed in 1988; it led to the setting up of many private businesses, including services, manufacture, as well as banking and foreign trade.

[31] Совместное предприятие (СП) - joint venture; the concept was introduced in 1987 as a way of attracting Western technology and investment.

[32] ВПК - военно-промышленный комплекс.

[33] Ответработник - ответственный работник, a top official.

[34] Госсобственность - государственная собственность.

[35] Пускать в оборот - to put into circulation, make money work.

[36] Выделять, отводить, списывать - synonyms for various forms of resource allocation under the old planning system.

[37] On 21 December 1991 in Alma-Ata the Commonwealth of Independent States of Russia, Ukraine and Belarus was extended to include Azerbaijan, Armenia, Kazakhstan, Kyrgyzstan, Moldova, Tadjikistan, Turkmenistan and Uzbekistan.

[38] For the results of the Ukrainian referendum see note 2 above.

[39] According to the 1989 census Russians make up 37.8% of the population of Kazakhstan.

[40] Подспудно - latently, hidden under the surface.

[41] Reference to Russia, Ukraine and Belarus and their Commonwealth of Independent States set up on 8 December 1991.

[42] Преддверие - prelude.

[43] Соорганизовать - to work together in organising.

[44] Перевести в более цивилизованное русло - to channel in a more civilised direction..

[45] Магмообразный - magma-like, resembling magma - molten material within or beneath the earth's crust from which igneous rock is formed.

[46] Шараханье и метания - chopping and changing.

ЭПИЛОГ

МЫ ПРОЖИЛИ ГОД ПОТРЯСЕНИЙ, НО ВСЕ ЕЩЕ ВПЕРЕДИ

Хотелось бы назвать год 1991-й самым трудным, самым насыщенным испытаниями, потрясениями, катастрофами из всех, которые доводилось переживать обществу (или, как можно говорить сегодня, людям в геополитическом пространстве бывшего Союза ССР). Однако, судя по опросам последних месяцев, наш удивительно стойкий и не теряющий грустной иронии народ в значительном большинстве своем считает, что худшие времена еще впереди (мнение 79% опрошенных в России в ноябре).

Этот год сделал былью то, что еще недавно нельзя было и вообразить: за несколько месяцев ликвидированы коммунистический режим, правящая партия и могущественная империя, именовавшаяся Советским Союзом.

ДО И ПОСЛЕ АВГУСТА

Год 1991-й в жизни общества разделен на две неравные части событиями Августа — попытка государственного переворота и немедленный контрудар. Все, что происходило до Августа, воспринимается теперь как необходимая подготовка его; все, что происходит после Августа, представляется неизбежным результатом развития событий и расстановки сил в Августе. Правда, то, что наиболее значимо для россиян,[1] не всегда является или кажется таковым для других.

«Главные события года» в общественном мнении различных государств Содружества[2] выстраиваются в следующей таблице:

ГЛАВНОЕ СОБЫТИЕ ГОДА	Рос.	Укр.	Ср. Азия, Каз., Азерб.
Попытка переворота в августе	1	3	1
«Свободные» цены	2	5	7
Прекращение деятельности КПСС	3	6	4
Выборы президента республики	4	2	5
Провозглашение независимости республики	5	1	3
Референдум о сохранении СССР	6	7	11
Повышение цен в апреле	7	4	2
Война в Персидском заливе	8	8	9
Обмен 100-руб. и 50-руб. купюр	9	10	8
Конфликт между Арменией и Азербайджаном	10	11	6
Январские события в Прибалтике	11	9	10
Кризис в Чечено-Ингушетии	12	13	12
Гражданская война в Югославии	13	12	13
Соглашения в Ново-Огареве	14	14	14

В этом перечне еще отсутствуют события декабря, венчающие череду встрясок и сенсаций года, — соглашения в Минске и Алма-Ате. По данным одного из последующих опросов ВЦИОМ[3] (15—16 декабря, 1004 человек в городах России) 64% одобряют создание Содружества. Если учесть неизбежное смещение внимания людей к последним по времени событиям, можно полагать, что Декабрь должен разместиться где-то рядом с Августом в приведенной таблице.

В одном из опросов, который мы проводили по горячим следам Августа, 55% опрошенных (в Москве) согласились с утверждением о том, что наступил конец коммунистической эпохи, начавшейся революцией в 1917 году. Осознание этого конца — главное содержание всех испытаний, которые пришлось выдержать массовому сознанию в уходящем году.

КОНЕЦ ИМПЕРСКОЙ ЭРЫ

На протяжении года мы много раз могли убедиться, что самый запутанный клубок противоречивых чувств и действий связан с судьбами советской империи, именовавшейся Союзом. Причем на всех уровнях. Михаил Горбачев сумел переступить через многие табу номенклатурного[4] сознания, но не преодолел «имперского» барьера, и это привело его к концу политической карьеры. На идеях «священного» Союза строили последние линии своей обороны силы консервативных реставраторов.

Неудивительно, что массовое сознание мечется между необходимостью примириться с неизбежным концом имперской эры и страхами — привычными и навеянными.[5] Кликушество[6] по поводу якобы неизбежных конфликтов, крови, беженцев, хаоса находит определенную почву.

В начале года тон центробежным тенденциям задавали республики Прибалтики, и это оставляло центру надежды если не сломать их самым грубым насилием (январские провокации против Литвы и Латвии), то по крайней мере локализовать. Когда в конце года камертон оказался в руках Украины, произошел неизбежный коллапс Союза.

Все это можно проследить по состоянию общественного мнения. За три года этнополитических конфликтов в бывшем Союзе у многих людей выработался некий иммунитет по отношению к событиям, которые непосредственно их не касаются (с ним, собственно, и связана линия на «локализацию»). Украина изменила положение. К результатам ее референдума только четверть опрошенных в России относится «с одобрением», более сорока процентов — «с тревогой», а около десяти — даже «с возмущением». Стало очевидным то, что не хотели видеть последние годы, да и гораздо ранее: самый близкий «младший брат» оказывается самым непокорным, а это и делает неизбежной гибель всей конструкции империи с ее «старшими» и «младшими».

По нашим первым данным еще трудно судить, насколько связано быстрое признание нового Содружества с надеждами на то, что это будет повторением имперской структуры под новым названием, а насколько — с пониманием невозможности эту структуру спасти.

ДЕЯТЕЛИ И СИМВОЛЫ

Наша молодая и не вполне доношенная демократия по-прежнему персонализованна, и массовое сознание воспринимает ее прежде всего через **личности,** а не через демократические институты.

В списке людей, с которыми массовое сознание связывает 1991 год, практически нет новых имен, хотя заметны изменения в частоте упоминаний. Еще год назад ушло из первого ряда имя М. Горбачева: в России у него третье место, на Украине — седьмое, в азиатских республиках — восьмое. Ельцин, бесспорный фаворит общественного мнения в России, занимает вторые позиции на Украине и в азиатских республиках. Первые же места там у «своих» национальных лидеров: Кравчук, Назарбаев, Каримов[7] и другие.

Как и в прошлые годы, все ведущие имена в республиках, где проводилось исследование, — перевоплотившиеся деятели старой партийно-государственной номенклатуры. Нет представителей новой политической элиты, как нет и духовных, нравственных лидеров общества. В то же время нигде не выходят на поверхность имена патриотствующих «нашистов»[8] или близких к ним скандально шумных фигур политической сцены 1991-го — Жириновского,[9] Макашова[10] и других. Малозаметны и люди, которые недавно переключились с «демократической» волны на «патриотическую», — Руцкой,[11] Травкин.[12]

СТАРЫЕ НАДЕЖДЫ ИЛИ НОВЫЕ СТРАХИ

Нас когда-то растили в страхе перед властью, потом — в страхе перед стихией народной. Сегодня властей никто не боится и мало кто слушается, зато «стихией» грядущих бунтов пугают со всех сторон — и власть имущие, и власти жаждущие, и бывшие «компутчисты»,[13] и демократы, и патриоты, и озабоченная заграница.

В какой мере наши данные позволяют подкрепить или развеять атмосферу тревожности?

Достаточно большая часть опрошенных — треть или более — допускают возможность каких угодно катастроф, бунтов, переворотов, эксцессов.

Если отслеживать смену общественных настроений за год, можно заметить, что мы сейчас в периоде какой-то тоски и печали, охватившей чуть ли не все слои. Легко объяснима «экономическая» компонента тревожности: все ждут худшего будущего, потрясений с ценами и кошельками. (На ноябрь месяц, например, более 50% населения бывшего Союза не ждали улучшений в жизни политической, более 60% — в межнациональных отношениях и 75% — в экономике). Другая составляющая[14] пессимистических настроений — очевидный отлив той боевитой напряженности, которая присутствовала в дни Августа. Собственно говоря, в этом отливе нет ничего унизительного или удивительного: настроения героического энтузиазма не могут поддерживаться долго.

Но здесь имеется еще одна, наверное, наиболее важная и наиболее постоянная составляющая. Если человеку старого, советского общества был присущ казенный оптимизм,[15] то сейчас мы имеем дело с казенным же пессимизмом. Сегодня чуть ли не все деятели, которых принято считать лидерами общественного мнения («опинион-мейкеры»), начинают свои речи со слов «сейчас, когда все так плохо...» — и тем самым как бы санкционируют моду на уныние. В этом типе пессимизма нельзя видеть просто отражение реальных трудностей (право же, «бывали хуже времена»). Это старый миф о «самой счастливой стране», перевернутый вверх дном. Но это тот же миф, поскольку в его основе — представление о беспомощном человеке, которого благодетельное государство должно поить-кормить и тешить. И пока этот человек будет ждать милостей от заботливого «дяди», он будет превращать радостные ожидания в мрачные разочарования (и наоборот).

При всех слабостях и противоречиях массового политического сознания сегодня нельзя не видеть, что оно во всех кризисных ситуациях оказывалось более демократичным, более сдержанным, более миролюбивым, чем этого многие могли ожидать. И, как особенно показал уходящий год, — в решающие моменты способным на солидарный демократический порыв.

Александр ГОЛОВ, Борис ДУБИН,
Юрий ЛЕВАДА, Алексей ЛЕВИНСОН.
(«Московские новости» № 51, 1991 г.)

Вопросы:

1. Почему авторы не могут назвать 1991-й год самым трудным годом?
2. Как люди воспринимают Август?
3. Какие события стоят на первых трех местах в России, на Украине и в Средней Азии?
4. Как реагировало массовое сознание на создание СНГ?
5. К каким конфликтам многие стали равнодушны?
6. Что изменилось, когда Украина проголосовала за независимость?
7. Что авторы говорят о массовом сознании и демократии?
8. Какие политики занимают первые места в списке «людей года»?
9. Кто много говорит об опасности стихийных бунтов?
10. Сколько людей допускает их возможность?
11. С каким мифом авторы связывают всеобщий пессимизм?
12. Как должен измениться человек, прежде чем он сможет преодолеть это?

Задание:

Обсудите тему: «Год 1991-й сделал былью то, что еще недавно нельзя было и вообразить».

---

[1] Россиянин, россияне - refers to inhabitants of the Russian Federation, both Russian and non-Russian.

[2] Содружество Независимых Государств - Commonwealth of Independent States, set up in Minsk on 8 December 1991 by Russia, Ukraine and Belarus, enlarged in Alma-Ata on 21 December to include also Azerbaijan, Armenia, Kazakhstan, Kyrgyzstan, Moldova, Tadjikistan, Turkmenistan and Uzbekistan.

[3] ВЦИОМ - Всесоюзный центр изучения общественного мнения, Centre for the Study of Public Opinion, set up in 1988, noted for high-quality survey research as well as regular polling of public opinion.

[4] Номенклатурный - characteristic of номенклатура, top Party and state bureaucracy.

[5] Навеянные страхи - fears caused by stories in the media, rumour etc.

[6] Кликушество - hysteria.

[7] Leonid Kravchuk - President of Ukraine, Nursultan Nazarbaev - President of Kazakhstan, Islam Karimov - President of Uzbekistan.

[8] Reference to the conservatives who stood for the old-style, centralised Union, and defended "our people", i.e. Russians in non-Russian separatist republics. (See text «Владимир Дудинцев: У каждого народа свои ястребы» in the section «Январь», p.14.)

[9] Vladimir Zhirinovskii (b. 1946) President of the Liberal Democratic Party, candidate in Russia's presidential elections (polled 7.8% of the vote). A demagogue, anti-communist Russian nationalist.

[10] General Albert Makashov (b.1938) a communist and extreme conservative. A contender in Russia's presidential elections (polled 3.7%).

[11] Aleksandr Rutskoi (b. 1947) Russian Vice-President; career officer who had served in Afghanistan, came into politics as defender of the interests of the veterans of that war, was radicalised in the face of conservatives' attacks on Yeltsin, whose side he took in March 1991. After the August coup noted for his opposition to separatist tendencies of the former republics.

[12] Nikolai Travkin (b. 1946) former communist, founder of the Democratic Party of Russia; stood for the introduction of market reforms in an integrated, centralised Union.

[13] Reference to communists who supported the August *putsch*.

[14] Составляющая - constituent part, component.

[15] Казенный оптимизм - obligatory official optimism.